Linha do Tempo

Joseph Roth

JUDEUS EM EXÍLIO

TRADUÇÃO
Marcus Tulius Franco Morais

*mundaréu

© Editora Mundaréu, 2017

TÍTULO ORIGINAL
Juden auf Wanderschaft

COORDENAÇÃO EDITORIAL E TEXTOS COMPLEMENTARES
Silvia Naschenveng

CAPA
Cláudia Warrak

DIAGRAMAÇÃO
Editorando Birô

PREPARAÇÃO
Fábio Fujita

REVISÃO
Editorando Birô

A tradução desta obra contou com o apoio do Goethe Institut, financiado pelo Ministério de Relações Exteriores da Alemanha.

Dados Internacionais de Catalogação na Publicação (CIP)
(Câmara Brasileira do Livro, SP, Brasil)

Roth, Joseph, 1894-1939
Judeus em exílio / Joseph Roth ; tradução Marcus Tulius Franco Morais. --São Paulo : Mundaréu, 2017. -- (Linha do tempo / coordenação Silvia Naschenveng)

Título original: *Juden auf Wanderschaft*
ISBN 978-85-68259-17-7

1. Judaismo - História 2. Judeus - Europa - História - Século 20 3. Judeus - História 4. Judeus - Identidade I. Naschenveng, Silvia. II. Título III. Série.

17-09248   CDD-305.8924

Índices para catálogo sistemático:

1. Identidade judaica : Sociologia 305.8924

1a edição, 2017; 1a reimpressão, 2023
Todos os direitos desta edição reservados à
EDITORA MUNDARÉU LTDA.
São Paulo — SP
www.editoramundareu.com.br
vendas@editoramundareu.com.br

SUMÁRIO

Apresentação 7

Judeus em Exílio

PREFÁCIO (1927) 13

PREFÁCIO A UMA PLANEJADA NOVA EDIÇÃO (1937) 15

JUDEUS DO LESTE EUROPEU NO OCIDENTE 29

A CIDADEZINHA JUDAICA 43

OS GUETOS OCIDENTAIS 65
    Viena 65
    Berlim 75
    Paris 83

UM JUDEU VAI PARA A AMÉRICA 93

A SITUAÇÃO DOS JUDEUS NA RÚSSIA SOVIÉTICA 103

POSFÁCIO 111

O carvalho de Goethe em Buchenwald 113

Joseph Roth no Sul da França, 1925 (Cortesia do Instituto Leo Baeck, Nova Iorque).

APRESENTAÇÃO

Além de grande ficcionista (autor de *Marcha de Radetzky*, editado pela Mundaréu), JOSEPH ROTH (1894-1939) foi um excepcional jornalista. E nômade: atuou em Viena, Berlim (trabalhando para o notável *Frankfurter Zeitung*, entre 1923 e 1932) e Paris, e escreveu longas reportagens de viagens à União Soviética, à Iugoslávia e a outros destinos.

Em *Judeus em exílio,* Roth associa sua prosa luminosa e melancólica à observação investigativa. Este ensaio literário retrata o mundo judaico europeu das primeiras décadas do século XX. O autor, nascido em Brody, pequena cidade na Galícia Oriental, então na extremidade leste do Império Austro-Húngaro, conheceu bem esse universo. Era parte dele, embora tenha optado aqui por assumir um tom equidistante entre os "primos" do Ocidente e do Leste e não tratar abertamente de sua experiência pessoal. Talvez justamente pelo ponto de vista escolhido tenha sido capaz de ver tanta beleza e ternura no Leste, que então empurrava seus "primos" à emigração ou a um incipiente sionismo, pois a assimilação era uma hipótese improvável e, em alguns casos, indesejada; assim como foi capaz de compreender, sem necessariamente justificar, a assimilação devotada e o distanciamento dos "primos" do Ocidente, com suas ilusões geradas por certos avanços institucionais, algum acúmulo material e seu supostamente redentor nacionalismo.

No Leste, havia uma relação de pertencimento não raro quebrada pela intolerância, muitas vezes transmutada em violência física, pela miséria e, finalmente, por um exílio que levaria esses judeus a locais onde muitas vezes voltariam a encontrar preconceito, pobreza, *numerus clausus*[1], embora também oportunidades e, sempre, esperança. Como era o caso de refugiados de outros lugares e situações na época. Como continua sendo dos refugiados atuais. O próprio autor afirma, em seu segundo prefácio, que "naquela altura, tratava-se simplesmente de fazer com que os judeus ocidentais e os não judeus entendessem o flagelo dos judeus do Leste Europeu — sobretudo na terra de possibilidades ilimitadas, que por ventura não se chama América, mas Alemanha". Em 1937, contudo, o autor — ele próprio um refugiado à época — não escondia seu desapontamento e a consciência de que a situação se agravara bastante e se tornara mais complexa.

De fato, além de suas qualidades intrínsecas, o que confere a esta obra um certo gosto amargo e ainda mais interesse é o seu momento histórico: foi escrita em 1927. Antes da ascensão de Adolf Hitler ao poder na Alemanha. Antes do começo da Segunda Guerra Mundial. Antes do extermínio em massa de judeus pelo regime nazista alemão e por seus apoiadores. Antes da criação do Estado de Israel. Não que violência e ameaça não se fizessem cotidianamente presentes — pogroms[2] eram uma realidade antiga e reite-

---

[1] Política adotada em diversos países que limitava o acesso de minorias a instituições de ensino, funções públicas e outros. (N.E.)
[2] Palavra originada do russo: massacres perpetrados pela população civil contra minorias, particularmente frequentes contra a população judaica na Rússia no final do século XIX e início do XX. (N.E.)

rada no Leste Europeu. Porém ninguém poderia prever, nem mesmo acreditar, na sistematização, na virulência e na extensão do que seria executado durante a Segunda Guerra Mundial pelo Terceiro Reich e por seus apoiadores.

A peregrinação narrativa de Roth envereda por caminhos que não passam por imagens e temas frequentemente associados à comunidade judaica nos dias de hoje. Roth aborda a pobreza, a marginalização, o misticismo, as cidadezinhas, as festas e o cotidiano dos judeus no Leste Europeu e o estranhamento mútuo entre as comunidades do Leste e da Europa Central e de mais a oeste, um modo de vida que logo entraria em extinção e do qual restam apenas vestígios e, cada vez menos, memórias. Um universo que o autor personificaria poucos anos depois em Mendel Singer, de *Jó — Romance de um homem simples* (1930), bela pequena narrativa que, a partir da releitura do *Livro de Jó,* trata de crença, origens, imigração e requisitos para a felicidade, e afirma sua esperança nos milagres que o Leste poderia produzir.

Roth e sua falsa simplicidade.

*mundaréu

São Paulo, setembro de 2017

Marais, bairro judaico de Paris, 1935 (por Fred Stein, @DPA by Album/ Album Art/Latinstock).

Judeus em exílio

PREFÁCIO

Este livro dispensa os aplausos, a aprovação, mas também as contestações e até as críticas daqueles que desdenham, desprezam, odeiam e perseguem os judeus do Leste Europeu. Este livro não se dirige aos europeus ocidentais que, pelo fato de terem crescido em meio a elevadores e instalações sanitárias, sentem-se no direito de contar piadas de mau gosto sobre piolhos romenos, percevejos galicianos e pulgas russas. Este livro dispensa os leitores "objetivos" que, das torres instáveis da civilização ocidental, lançam, com uma complacência barata e azeda, olhares enviesados de desdém para o Leste Europeu e seus habitantes; que, por puro sentimento humanitário, lastimam a precariedade do saneamento básico e, por medo de contágio, encerram emigrantes pobres em barracas, onde a solução de um problema social é relegada à morte em massa. Este livro não quer ser lido por aqueles que renegam os próprios pais ou ancestrais, que, por um acaso, escaparam das barracas. Este livro não foi escrito para leitores que levariam o autor a mal por tratar o objeto de sua exposição com amor e não com "objetividade científica", também chamada de tédio.

Portanto, a quem é destinado este livro?

O autor nutre esperanças tolas de que ainda existam leitores diante dos quais não seja necessário defender os judeus do Leste Europeu; leitores que respeitem a dor alheia, a grandeza humana e a sujeira que acompanha o sofrimento em toda parte; europeus ocidentais que não se orgulhem de seus colchões limpos; que sintam que têm muito a receber do Leste e que talvez saibam que da Galícia, da Rússia, da Lituânia e da Romênia vêm grandes nomes e grandes ideias, como também ideias úteis (na concepção deles), que contribuem para sustentar e ampliar a sólida estrutura da civilização do Ocidente — não apenas os batedores de carteiras, que o mais infame produto da Europa Ocidental, a imprensa local, designa de "hóspedes do Leste".

Infelizmente, este livro não estará em condições de tratar do problema do judaísmo do Leste Europeu com a profundidade e a abrangência que ele requer e merece. Procurará apenas descrever as pessoas que constituem esse problema e as circunstâncias que o produzem. Fará apenas um relato sobre partes do abundante conteúdo, que, para ser tratado em toda sua amplitude, demandaria do autor tantas migrações quantas aquelas que gerações inteiras de judeus do Leste Europeu tiveram de suportar.

PREFÁCIO A UMA PLANEJADA NOVA EDIÇÃO[1]

1

Há muitos anos, quando escrevi este livro, que hoje gostaria de apresentar aos leitores em versão revista, ainda não havia problema agudo concernente aos judeus ocidentais. Naquela altura, tratava-se simplesmente de fazer com que os judeus ocidentais e os não judeus entendessem o flagelo dos judeus do Leste Europeu — sobretudo na terra de possibilidades ilimitadas, que por ventura não se chama América, mas Alemanha. É claro que sempre houve lá (como em toda parte) um antissemitismo latente. No esforço compreensível de não tomar conhecimento ou ignorar, e naquele trágico desvario que em muitos, na maioria dos judeus ocidentais, parece substituir a fé perdida ou diluída dos ancestrais e a que chamo uma superstição no progresso, os judeus alemães,

---

1 Prefácio escrito dez anos depois da elaboração do livro, para a edição de 1937, da editora Allert de Langue, de Amsterdã. A Alemanha já estava então sob o regime nazista. (N.E.)

malgrado os vários sintomas antissemitas alarmantes, sentiam-se iguais aos alemães; nos dias das principais festas religiosas como alemães judeus, na melhor das hipóteses. Vários entre eles infelizmente sentiam-se muitas vezes tentados a responsabilizar os judeus do Leste emigrados para a Alemanha pelas manifestações do instinto antissemita. É um fato — amiúde negligenciado — que também os judeus podem ter instintos antissemitas. Não se quer que um estrangeiro que acabou de chegar de Lodz, faça-os lembrar seu próprio avô, que é proveniente de Posen[2] ou Katowice. É a atitude ignóbil, mas compreensível, de um pequeno-burguês ameaçado, que está a ponto de subir a escada bastante íngreme que conduz à varanda, ao ar livre e com vista panorâmica, da grande burguesia. Ao ver um primo de Lodz, se pode facilmente perder o equilíbrio e cair.

No intuito de alcançar essa varanda, onde nobres, industriais cristãos e, em certas circunstâncias, financistas judeus estavam debruçados, de declarar serem todos eles iguais, salientando de tal maneira insistente a sua igualdade, que todo ser dotado de sensibilidade poderia ouvir claramente que o que eles de fato salientavam era a sua desigualdade, o judeu alemão lançava rapidamente uma esmola ao seu correligionário para não ser impedido em sua ascensão. Dar esmola a um estranho é a forma mais infamante de hospitalidade; mas é, ainda assim, hospitalidade. Entretanto, havia muitos judeus alemães — um dos seus representantes pena hoje no campo de concentração — que não só imaginavam que sem o afluxo dos judeus do Leste Europeu tudo estaria às mil maravilhas, na pior das hipóteses às cem maravilhas, como até incitavam os lacaios plebeus contra o estrangeiro indefeso, como quem incita os cães contra os vagabundos. Mas quando o lacaio chegou ao poder, o porteiro ocupou a "moradia senhorial" e todos os cães acorrentados se soltaram, o judeu alemão notou que

---

2   Atual Poznań, na Polônia. (N.E.)

era mais apátrida e estava mais desprotegido do que seu primo de Lodz havia alguns anos. Tornara-se soberbo. Perdera o Deus de seus ancestrais e adquirira um ídolo, o patriotismo civilizatório. Mas Deus não se esquecera dele. E o enviou ao exílio, um castigo que cabe aos judeus — como também a todos os outros. Para que não se esqueçam de que nada neste mundo é constante, nem mesmo a pátria, e que a nossa vida é efêmera, mais efêmera até do que a vida dos elefantes, dos crocodilos e dos corvos. Até os papagaios sobrevivem a nós.

2

Agora me parece que chegou o momento de defender os judeus alemães perante seus primos de Lodz assim como eu havia tentado defender, a certa altura, os primos de Lodz perante os alemães. O judeu alemão não é sequer um judeu do Leste Europeu. Desaprendeu o que é estar em trânsito, o que é sofrer, o que é rezar. Só sabe trabalhar — e é exatamente isso que não lhe é permitido. Dos 600 mil judeus alemães, cerca de 100 mil emigraram. A maioria não encontra trabalho em parte alguma. Pior: estão proibidos de procurar trabalho. Os passaportes expiram e perdem a validade. Sabe-se que nos dias de hoje as vidas humanas podem estar dependentes dos passaportes como as da antiguidade dependiam dos conhecidos fios. Com as tesouras herdadas das Parcas, eis aí as delegações, os consulados e a polícia secreta do Estado. Infelizes, não são amados nem mesmo por seus colegas mais próximos, também infelizes, só o são por piedosos e santos, tão menosprezados neste mundo desqualificado como os judeus. Ir embora para onde? Graças à percepção sensível de seu caos, que lhe confere o sexto sentido, o emigrante adivinha aquela inscrição invisível, que em todas as fronteiras grita ao redor: "Fica na tua terra e morre na miséria!".

Esses judeus alemães emigrados constituem algo como um povo completamente novo: desaprenderam a ser judeus; começam devagar a reaprender a ser judeus. Não conseguem esquecer que são alemães e também não conseguem desaprender sua condição de teutônicos. São como caracóis que carregam duas casas nas costas. Em todos os países estrangeiros, inclusive nos exóticos, têm ares de alemães. Se não querem mentir, não conseguem negar com tanta naturalidade. Ah! O mundo ordinário pensa por meio de estereótipos tradicionais, obsoletos e desgastados. Não pergunta ao itinerante aonde vai, mas de onde vem; enquanto que para um itinerante o que importa é o destino, não o ponto de partida.

3

Quando acontece uma catástrofe, a comoção leva as pessoas próximas a serem solícitas. É esse o efeito das catástrofes violentas. Parece que as pessoas sabem que são efêmeras; entretanto, é tão difícil para os vizinhos tolerarem as catástrofes crônicas que, pouco a pouco, as catástrofes e suas vítimas lhes tornam indiferentes, quando não desagradáveis. O sentido da ordem, da regra e da lei está tão enraizado nas pessoas que elas querem conceder apenas um curto período de tempo à exceção fora da lei, à desordem, à insanidade e à loucura; todavia, se a insanidade insiste, os braços solícitos enfraquecem, o fogo da misericórdia se extingue. Acostuma-se ao próprio infortúnio, por que não ao infortúnio do próximo, em particular ao infortúnio dos judeus?

Muitas instituições de beneficência acabaram, voluntária ou involuntariamente. Alguns benfeitores benevolentes não podem gerir uma miséria em massa. Aos denominados judeus emigrados "intelectuais" estão fechados todos os países europeus, bem como suas colônias, como lugares de trabalho. Como se sabe, a Palestina só pôde receber um contingente de alguns milhares. Da Argentina, do Brasil e da Austrália muitos regressam pouco tempo depois. Esses países não cumpriram as promessas que suas representações tinham feito — a si próprias e aos emigrantes. A propósito dos que lá ficaram, não sei qual é o estado em que se encontram, se estão vivos ou mortos. Alguns alcançam bastante: é uma eterna lei da natureza. O mundo não prestou ajuda substancial, nem mesmo em termos práticos. Também, como seria possível esperar algo deste mundo?

4

Em um mundo destes não só é impossível que os emigrantes recebam trabalho e pão: isso é quase evidente. Mas também é impossível que eles adquiram aquilo a que se dá o nome de "papel". E o que é uma pessoa sem os papéis? Menos do que um papel sem uma pessoa! O denominado "passaporte Nansen", de que se proviam os emigrantes russos depois da revolução e que — diga-se de passagem — também não lhes propiciou uma liberdade absoluta de movimentos, está fora de cogitação para os emigrantes alemães. Evidentemente existe na Liga das Nações um departamento — um comissário inglês — cuja tarefa é resolver os "trâmites dos papéis" dos emigrantes alemães. Só que conhecemos a Liga das Nações, o peso de sua administração e as correntes de ouro com que estão atadas as mãos inclusive dos comissários bem-intencionados. O único Estado que, até o presente, emitiu papéis válidos aos emigrantes alemães — papéis que também não significam a liberdade absoluta de movimentos — é a França. Também esses papéis foram concedidos apenas a um número limitado de emigrantes alemães — àqueles que tinham fugido para a França antes de uma data estipulada — e apenas em certas circunstâncias. É difícil, senão impossível, obter, mesmo em um documento legal desses, um visto de qualquer outro Estado. A Itália, a Polônia, a Lituânia e até a Inglaterra não gostam de receber cidadãos apátridas. De fato, com um documento desses, só pode viajar um refugiado "proeminente": um jornalista judeu, editor de jornal, ator de cinema ou produtor. Em geral conhecem pessoalmente os embaixadores e os plenipotenciários. Contudo, a questão que se coloca é: de que maneira, por exemplo, um pobre alfaiate judeu consegue entrar na chancelaria de um conselheiro de delegação? É uma situação complexa: ser viajante, contudo preso; ser fugitivo, contudo retido; ser obrigado a vagar sem poder se mexer. E ainda se deve dar graças a Deus e, mormente, à polícia.

Em muitos países da Europa, as associações protetoras de animais organizam todos os anos excêntricas expedições aéreas para o sul: ajuntam aves migratórias que foram abandonadas no outono por seus pares e as encaminham em gaiolas para a Itália, onde são abatidas e assadas pelo povo. Onde existe uma associação protetora de pessoas que se disporia a conduzir nossos pares sem passaporte nem visto para a terra por eles tão sonhada? Cinco mil andorinhas que, obviamente seguindo uma lei natural ignorável e ignorada, foram deixadas para trás, têm mais valor do que cinquenta mil pessoas? Um pássaro não precisa de um passaporte, de um bilhete de viagem, de um visto — e uma pessoa é presa se lhe falta um desses três itens? As pessoas estão já mais próximas dos pássaros do que das outras pessoas? Maus-tratos impingidos aos animais são punidos, porém maus-tratos impingidos aos homens são condecorados. Como as aves migratórias — ainda que essas não tenham esta necessidade —, também elas são algumas vezes transportadas em aviões do norte para o sul e do sul para o norte. Não é de se espantar que uma associação protetora de animais seja em todos os países e em todas as classes sociais mais popular do que a Liga das Nações.

5

Também os judeus que ficaram na Alemanha são impelidos à jornada. Das cidadezinhas são forçados a se mudar para as maiores e destas para as realmente grandes. Quando aqui e ali são proscritos das grandes, retornam às menores. Mesmo quando de fato se estabelecem, quanta errância se passa com eles, dentro deles e à sua volta! Apartam-se dos amigos, da saudação habitual e da palavra afável. Fecham os olhos para recusar a verdade daquilo que constataram, e é uma jornada a uma noite ardilosa, desejada e falsa. Retiram-se do assombro que acabaram de experimentar rumo ao pavor — o irmão mais potente do assombro — e buscam nele e no extraordinário o conforto e o bem-estar. Caminham à mentira — à pior espécie de mentira, que é o autoengano. Mas também perambulam de uma repartição pública a outra, do agente de polícia à delegacia, da repartição das finanças à célula do partido nacional-socialista, perambulam do campo de concentração à polícia, de lá ao tribunal, do tribunal à prisão, da prisão ao campo de correção. A criança judia na Alemanha começa na mais tenra idade sua extraordinária jornada da confiança própria da alma infantil ao medo, ao ódio, à estranheza e à desconfiança. Ela vaga na sala de aula ao longo dos bancos escolares, do primeiro ao último e, mesmo sentada, lhe parece que continua a vagar. Os judeus vagueiam de uma lei de Nuremberg a outra. Vagueiam de uma banca de jornais a outra, esperançosos de um dia encontrar à venda notícias fidedignas. Vagueiam à perigosa máxima opiácea que diz o seguinte: "Tudo tem um fim!", sem imaginar que, provavelmente, eles próprios terão um fim prematuro. Vagueiam, não, vão coxeando, rumo à insensata esperança: "Não será assim tão grave!" — e essa esperança nada mais é do que uma corrupção moral.

As pessoas permanecem, contudo vagueiam: uma espécie de acrobacia de que são capazes só os mais infelizes, os detentos dos presídios.

Os presídios dos judeus.

6

É pior do que o cativeiro da Babilônia. Às margens dos rios Spree, Elba, Meno, Reno e Danúbio não só não se pode tomar banho como nem mesmo sentar e chorar; quando muito na denominada "associação cultural", o centro espiritual do novo gueto admitido publicamente.

Essa associação cultural, por mais nobres que sejam as intenções a que se deve sua fundação, surge como uma concessão ilícita dos judeus às teorias bárbaras do nacional-socialismo. Pois não se baseia na hipótese — à qual aderem hoje tantos judeus — de que seja uma raça particular, mas na concessão (implícita) de que seja inferior. Enquanto, por exemplo, não se proibiria de forma alguma a apresentação de Goethe ou de Beethoven a uma associação cultural tibetana, japonesa ou caucasiana, proíbe-se isso aos judeus da associação cultural. Supondo que os judeus alemães partilhem inteiramente a concepção dos nacionais-socialistas de que os judeus sejam um povo diferente dos alemães (mesmo sendo um "povo-visitante" desses há muito tempo), haveria ainda uma grave discriminação no fato de proibir a um povo estrangeiro a exibição da arte alemã. Uma discriminação que os judeus da associação cultural aceitaram sem mais e *a priori*. Não foram tratados como uma minoria, mas como um *povo inferior*. Parecia-lhes evidente. Suas apresentações, seus concertos, suas reuniões são vigiados por um comissário, a quem devem ainda manifestar reverência, como no passado, na Alexanderplatz, em Berlim, os "bailes das viúvas" eram vigiados nas tabernas por delegados de polícia.

Pode-se falar da falta de orgulho dos judeus alemães? Minha empatia em relação a eles teria aquele sabor duvidoso de sentimentalismo, que, na verdade, exclui ou revoga uma empatia autêntica. Não se pode "fazer vista grossa" quando se trata dos erros dos judeus alemães. Eles merecem indulgência, mas não cegueira. Nos pogroms de Kischinev — quanto tempo faz desde que a Europa ainda era Europa e a Inglaterra deu a entender ao czar aquilo que nos dias de hoje deduz modestamente o cabo da Primeira Guerra[3] — os judeus se defenderam. Abateram 61 cossacos. Os judeus açougueiros na Hungria se opuseram às hordas "brancas", afugentando-as frequentemente. Na Alemanha, no "dia do boicote", um único judeu desfechou ataque com arma de fogo! (Acabou, é claro, executado).

Como explicar essa maneira esvaída de reagir às infâmias mais pérfidas? Porventura com a fé? A maior parte dos judeus alemães pagava impostos à comunidade de culto israelita, muitos assinavam o *Hamburger Israelitische Familienblatt*, com isso se esgotava sua relação com o judaísmo (evidentemente não estou falando dos sionistas e dos judeus com "consciência nacional", mas dos "cidadãos alemães de confissão judaica"). Quando se apagam das placas de honra e dos monumentos os nomes de seus irmãos que morreram na guerra pela Alemanha, degradando, assim, com *um* único golpe, tanto os judeus vivos quanto os mortos; quando lhes rouba licitamente o pão, a honra, a subsistência e a propriedade, eles se calam e continuam a viver. Não menos de 500 mil pessoas ainda vivem nesse opróbrio, percorrem as ruas pacíficas, andam de bonde e de trem, pagam impostos e escrevem cartas: não se pode imaginar quanta injúria é capaz de suportar uma pessoa já humilhada.

Os judeus alemães são duplamente infelizes: não apenas sofrem o opróbrio, eles o suportam. A capacidade de suportá-lo compõe a porção maior do infortúnio.

7

Não há conselho, nem consolo, nem esperança. Seria oportuno entender que o "racismo" não conhece compromisso. Milhões de plebeus têm necessidade urgente de algumas

---

[3] Referência a Adolf Hitler. (N.E.)

centenas de milhares de judeus miseráveis de maneira a confirmar, preto no branco, que são seres melhores do que os judeus. Os Hohenzollern (e com eles o clube da nobreza da Alemanha) manifestaram sua reverência aos zeladores. O que mais podem esperar os judeus nessa situação? A plebe já é suficientemente inexorável quando, obediente aos seus instintos cegos anárquicos, se reúne. O que acontecerá quando ela se organizar? Se isso pode ser um consolo para os judeus alemães, talvez possam eles então pensar que suportam a injúria como fez a Casa de Hohenzollern (sem dúvida, consideravelmente mais recente do que a estirpe dos judeus).

Nada teria prejudicado tanto o regime nacional-socialista como, por exemplo, a rápida e bem organizada emigração da Alemanha de todos os judeus e de todas as pessoas de origem judaica. O nacional-socialismo se invalida logo que fechar um acordo qualquer com os judeus. Seu objetivo está além, em uma direção que não concerne diretamente aos judeus em absoluto.

Ele fala de Jerusalém, mas quer dizer: Jerusalém e Roma.

8

Só um número restrito de cristãos devotos e distintos entendeu que — pela primeira vez na longa e infame história da perseguição aos judeus — o infortúnio dos judeus é idêntico ao dos cristãos. Agride-se a golpes Moritz Finkelstein, de Breslau[4], mas, na verdade, pensa-se naquele judeu de Nazaré. Retira-se a concessão do judeu negociante de gado de Fürth ou de Nurembergue, mas pensa-se naquele pastor em Roma que apascenta seu rebanho de fiéis. De fato, não basta

---

4 Breslávia (Wrocław em polonês), cidade da Silésia, então parte do Império Alemão e hoje polonesa, já pertencera à Boêmia, à Áustria e à Prússia. (N.E.)

difamar e desonrar algumas centenas de milhares de pessoas de uma determinada origem. Os filhos dos aduaneiros exigem reparação pela expulsão dos pais. É a legítima "voz do sangue". Ela ruge de todos os alto-falantes.

É claro que muitos cristãos fiéis — mesmo altos dignitários cristãos — são insuscetíveis a essa visão. Os acontecimentos no Terceiro Reich os instruirão. Em seu desvario, esses cristãos pios são quase como os judeus alemães. Terá que se entender que a piada banal atribuída aos judeus, que diz "Não há como batizá-los", vale pura e simplesmente para o Terceiro Reich. "Não há como batizá-lo."

Nem por meio de concordatas.

9

Ao que tudo indica, somente uma parcela irrelevante dos judeus que hoje ainda vive na Alemanha poderá — e almejará — emigrar. Pois, mesmo depois da emancipação secular e de uma aparente igualdade de direitos, que durou cerca de cinquenta anos, os judeus possuem, se não a bênção divina para padecer como os seus irmãos de fé, ao menos a notável predisposição para suportar o indizível. Permanecerão onde estão, irão se casar, se multiplicar e transmitir suas trevas e amarguras — e esperar que um dia "tudo seja diferente".

Um dia — sem dúvida antes de mil anos — muita coisa evidentemente mudará na Alemanha. Mas com a geração que hoje ascende no seio da juventude hitlerista, nem os judeus, nem os cristãos, nem os europeus com discernimento cultural poderão ter experiências agradáveis. É a semeadura dos dentes do dragão de Jasão que brotará. Para batizar as próximas duas gerações de pagãos alemães, será necessário um exército completo de missionários. Enquanto os alemães não forem cristãos, os judeus não devem esperar grandes coisas deles.

Assim, do ponto de vista humano, os judeus continuarão a ser, ainda por muito tempo, párias entre os alemães. A menos que se leve em conta a ideia quase utópica de que a Europa reencontre sua própria consciência; que uma lei aceita por todos proíba a concepção insensata da denominada "não intervenção", que dá origem ao dito vulgar e rasteiro: "Cada um é senhor em seu próprio lar". É, na realidade, uma filosofia de zelador que determina o mundo já há algumas décadas. Ao contrário, cada um devia ter acesso à casa do outro. Não me podem impedir de entrar na casa do meu vizinho se ele estiver pronto a matar seus filhos a golpes de machado. Não pode haver uma moral europeia, e também cristã-europeia, enquanto perdurar o princípio de "não intervenção". Por que se arrogam os estados europeus o direito de disseminar a civilização e a urbanidade nas mais remotas partes do mundo? Por que não na Europa? Uma civilização secular de um povo europeu não é prova alguma de que, por meio de uma extraordinária maldição da Providência, não volte a ser bárbara. Também entre os povos da África, que necessitam nos dias de hoje da proteção de povos civilizados, existiram certamente alguns cuja cultura milenar foi um dia — um século, poder-se-ia dizer —, por razões inescrutáveis, dizimada. A própria ciência europeia o demonstra.

Fala-se sempre de uma "família de povos europeus". Admitindo essa analogia, onde já se viu um irmão não impedir o outro quando este está prestes a perpetrar uma imprudência ou uma bestialidade? É-me tão somente permitido ensinar melhores costumes ao caçador de cabeças negro, mas não ao branco? Deveras, uma curiosa espécie de família, essa "família de povos"!... O pai está determinado a se importar exclusivamente com o que há porta afora; do quarto do seu filho emana o cheiro da sujeira que ascende ao céu.

Oxalá eu tivesse a bênção e a sagacidade para sugerir uma eventual solução. A franqueza, uma das modestas musas do escritor, muitas vezes negligenciadas, me obriga a uma conclusão pessimista neste meu segundo prefácio:

1. O sionismo não passa de uma solução parcial da questão judaica.
2. Os judeus só poderão atingir a absoluta igualdade de direitos e a dignidade que concede a liberdade exterior quando os "povos anfitriões" alcançarem a liberdade interior e a dignidade que propicia a compreensão pelo infortúnio.
3. É pouco provável que — sem um milagre de Deus — os "povos anfitriões" encontrem essa liberdade e essa dignidade.

Aos judeus pios resta o consolo celestial.
Aos outros, o *vae victis*.

Joseph Roth

Berlim, Grenadierstraße (hoje Almstadtstraße), no bairro Scheunenviertel, cerca de 1935 (Abraham Pisarek, @AKG-Images/Latinstock).

JUDEUS DO LESTE EUROPEU NO OCIDENTE

Em sua terra natal, o judeu do Leste Europeu não sabe nada a respeito da injustiça social no Ocidente; nada do domínio do preconceito que rege os caminhos, ações, costumes e concepções do mundo do europeu ocidental médio; nada do acanhado horizonte ocidental, cercado pelas centrais elétricas e recortado pelas chaminés das fábricas; nada do ódio, tão intenso, que é prudentemente resguardado como remédio que preserva a vida (embora letal), como um fogo eterno em que se aquece o egoísmo de cada pessoa e cada país. O judeu do Leste Europeu olha para o Ocidente com uma nostalgia que este de modo algum merece. Para o judeu do Leste Europeu, o Ocidente significa a liberdade, a possibilidade de trabalhar e desenvolver seus talentos, a justiça e a preponderância autônoma do espírito. A Europa Ocidental envia para o Leste engenheiros, automóveis, livros e poesia. Envia sabonetes de propaganda e higiene, coisas úteis e edificantes, e faz uma toalete mentirosa para o Leste. Para o judeu do Leste Europeu, a Alemanha continua sendo, por exemplo, a terra de Goethe e Schiller, dos poetas alemães, que qualquer judeu jovem, ávido pelo saber, conhece melhor do que nossos colegiais que exibem a suástica. Na guerra, o judeu do Leste Europeu conheceu somente o general que mandou afixar, na Polônia, um apelo humano aos judeus poloneses, redigido não por ele, mas pelo departamento militar de imprensa, e não conheceu aquele general que não leu uma única obra literária e perdeu a guerra.

Por outro lado, o judeu do Leste Europeu não vê as vantagens da sua terra natal; não vê a amplidão infinita do seu horizonte; nada da qualidade desse material humano em que a loucura pode produzir santos e assassinos, melodias de triste grandeza e paixão obsessiva. Não vê a bondade do homem eslavo, cuja crueza é mais decente do que a bestialidade domesticada do europeu ocidental, que dá livre curso às perversões e burla a lei com o chapéu cortês na mão temerosa.

O judeu do Leste Europeu não vê a beleza do Leste. Proibiram-no de viver nas cidadezinhas, mas também nas cidades grandes. Os judeus vivem em ruas sujas, em casas em ruínas. O vizinho cristão os ameaça. Apanham do proprietário. O funcionário público manda prendê-los. O oficial do exército dispara contra eles, e não é punido. O cão ladra para eles porque aparecem vestidos de maneira que instiga os animais assim como pessoas primitivas. Sua formação escolar é feita nos escuros *cheder*[5]. Desde a mais tenra idade, se familiarizam com a inutilidade dolorosa da oração judaica; com a luta passional contra um Deus que pune mais do que ama, e que condena o prazer como se fosse um pecado; com o dever severo de aprender e de procurar o abstrato com olhos jovens ainda famintos de novas concepções.

Em geral, os judeus do Leste Europeu percorrem a terra como mendigos e vendedores ambulantes. A grande maioria não conhece o solo que os alimenta. O judeu do Leste tem medo de vilarejos e florestas que lhe são desconhecidos. Ele é, em parte voluntariamente em parte forçado, um segregado. Tem apenas deveres e nenhum direito, afora os que estão no conhecido documento, que nada garante. Por

---

5 Escola confessional de Educação Fundamental. (N.E.)

meio de jornais, livros e emigrantes otimistas, informa-se que o Ocidente é um paraíso. Na Europa Ocidental, há uma proteção legal contra os pogroms. Na Europa Ocidental, os judeus se tornam ministros e até vice-reis. Em muitas residências de judeus do Leste Europeu, é possível ver a imagem do tal Moses Montefiore, que jantava regularmente à mesa do rei da Inglaterra. No Leste, a grande riqueza dos Rothschild tem proporções fabulosas. De tempos em tempos, um emigrante escreve uma carta aos conterrâneos que ficaram na sua terra, descrevendo as vantagens do estrangeiro. A maior parte dos emigrantes judeus tem a ambição de não escrever enquanto a vida não lhes vai bem; e aspira valorizar a nova pátria escolhida em detrimento da antiga. Eles têm o desejo inocente do provinciano que quer impressionar seus conterrâneos. Em uma pequena cidade do Leste, a carta de um emigrante se torna uma comoção. Todos os jovens do lugar — até mesmo as pessoas mais velhas — são acometidos pela vontade de emigrar, de deixar essa terra, onde, a cada ano, pode eclodir uma guerra e, a cada semana, um pogrom. E partem, a pé, de trem e de navio, para países ocidentais, onde um outro gueto, um pouco reformado, mas não menos cruel, tem sua escuridão à disposição para receber os novos hóspedes que conseguiram escapar, semivivos, dos ardis dos campos de concentração[6].

Quando nos referíamos aos judeus que não conhecem a terra que os nutre, tratávamos da maioria, isto é, dos fervorosos e dos que viviam segundo as leis antigas. Existem, é claro, judeus que não temem nem o dono nem o cão, nem a polícia nem os oficiais do exército, que não vivem no gueto, que adotaram a cultura e a língua dos povos anfitriões, tais como os judeus ocidentais, e desfrutam de mais igualdade social do que aqueles; todavia — a menos que troquem sua

---

6   Os campos de concentração (*Konzentrationslager*) já existiam quando Roth escreveu este texto, entretanto com uso e abrangência distintos daqueles sórdidos que caracterizariam o termo após a ascensão dos nazistas ao poder na Alemanha. (N.E.)

confissão religiosa e mesmo depois de o terem feito —, são ainda tolhidos do livre desenvolvimento de seus talentos; pois é inevitável a visita da família inteiramente judaica do assimilado bem-sucedido, e, raramente, um juiz, um advogado, um médico do distrito de origem judaica, escapa do destino de ter um tio, um primo, um avô que, já pelo aspecto físico, compromete a carreira de quem se estabeleceu, prejudicando seu prestígio social.

É difícil escapar desse destino. E, em vez de fugir, muitos decidem se submeter a ele, não só não renegando sua origem judaica, porém reforçando-a de modo enérgico e confessando-se partidários de uma "nação judaica", cuja existência não deixa, há algumas décadas, dúvida alguma, e cujo "direito de existir" não pode mais engendrar contestação, porque a vontade de alguns milhões de pessoas já é suficiente para se formar uma "nação", mesmo que ela, anteriormente, não tenha existido.

A ideia do nacionalismo judeu é impetuosa no Leste Europeu. Inclusive as pessoas que não têm muita coisa em comum nem com a língua, nem com a cultura, nem com a religião dos seus antepassados se declaram partidárias da formação de uma "nação judaica", em virtude da força de seu sangue e de sua vontade. Elas vivem como "minoria nacional" em um país estrangeiro, preocupadas com os direitos cívicos e nacionais, e lutando por eles, algumas prevendo um futuro na Palestina, outras sem desejar um país que seja seu, com a firme convicção de que a terra pertence a todos os que cumprem seu dever para com ela; entretanto, incapazes de saber como se poderia apagar, no povo anfitrião, o ódio primitivo que queima contra um número aparentemente perigoso de estrangeiros e que causa desgraça. Também esses judeus não vivem mais no gueto, nem sequer na tradição verdadeira e calorosa — apátridas, como os assimilados, e às vezes heroicos, porque são vítimas voluntárias de uma ideia —, mesmo que isso seja a ideia de uma nação...

Tanto os judeus nacionalistas como os assimilados permanecem, em sua maioria, no Leste. Aqueles, porque querem lutar por seus direitos e se recusam a fugir; estes, porque imaginam possuir esses direitos ou porque amam a terra como a população cristã o faz — inclusive mais do que esta. Portanto, os emigrantes são pessoas que se cansaram de lutas mesquinhas e cruéis, que sabem, sentem ou simplesmente pressentem que, no Ocidente, surgem problemas bem diferentes, além dos problemas nacionais; que as querelas nacionais no Ocidente são um eco rumoroso de ontem, e somente um ruído do tempo presente; que nasceu um pensamento europeu no Ocidente, que, depois de amanhã ou muito mais tarde, e não sem sofrimento, amadurecerá, tornando-se um pensamento universal. Esses judeus preferem viver em países onde as questões raciais e nacionais ocupam somente a parte nômade dos povos que, a despeito da primazia e do poder, pertencem, sem dúvida, ao passado, rescendendo a mofo, sangue e estupidez; em países em que, apesar de tudo, algumas mentes trabalham com os problemas do amanhã (esses emigrantes são provenientes dos territórios fronteiriços russos, *não* da Rússia). Outros emigram porque perderam sua profissão, seu trabalho, ou porque não os encontram. Buscam um ganha-pão, são proletários, embora nem sempre tenham uma consciência proletária. Outros fugiram da guerra e da revolução. São "fugitivos", na maioria pequeno-burgueses e burgueses, inimigos encarniçados da revolução e mais conservadores do que qualquer arraigado aristocrata latifundiário poderia ser.

Muitos emigram por instinto e sem saber ao certo por quê. Obedecem a um chamado indefinido do desconhecido ou ao chamado certeiro de um parente que emigrou e teve êxito, ao desejo de ver o mundo e fugir da pretensa estreiteza da sua terra natal, à vontade de agir e fazer valer suas forças.

Muitos retornam. Um número ainda maior fica pelo caminho. Os judeus do Leste Europeu não têm uma pátria em lugar algum, mas túmulos em todos os cemitérios. Muitos ficam ricos. Muitos se tornam pessoas importantes. Muitos se revelam criativos em uma cultura estrangeira. Muitos se perdem e perdem o mundo. Muitos permanecem no gueto e só seus filhos o deixarão. A maioria dá ao Ocidente pelo menos tanto quanto ele lhes leva. Muitos lhe dão mais do que ele lhes oferta. Em todo caso, todos os que se sacrificam dirigindo-se ao Ocidente têm o direito de viver.

Merecedor do Ocidente é todo aquele que chega com energias revigoradas para interromper o tédio mortal e antisséptico da civilização — mesmo à custa de uma quarentena que prescrevemos aos imigrantes, sem darmos conta de que toda nossa vida é uma quarentena e todos os nossos países são barracões e campos de concentração; porém, equipados com o mais moderno conforto. Os emigrantes assimilam-se — infelizmente! — não com demasiado vagar, como são acusados, mas com demasiada presteza às nossas tristes condições de vida. Tornam-se, inclusive, diplomatas e cronistas, prefeitos e dignitários, policiais e diretores de banco, e outros pilares da sociedade, como os membros nativos dessa sociedade. Só alguns poucos são revolucionários. Muitos são socialistas por necessidade pessoal. Na forma de sociedade pela qual luta o socialismo, é impossível a opressão de uma raça. Muitos veem no antissemitismo uma manifestação da estrutura econômica capitalista. Não são socialistas conscientemente *por isso*. São socialistas porque são oprimidos.

A maioria é de pequeno-burgueses e proletários sem consciência proletária. Muitos são reacionários por instinto burguês, por amor à propriedade e à tradição, mas também pelo medo não infundado de que uma mudança da situação poderia não ser melhor para os judeus. É um sentimento histórico, nutrido pela experiência de que os judeus são as primeiras vítimas de todo banho de sangue promovido pela história universal.

Talvez seja por essa razão que o operário judeu é tranquilo e paciente. O intelectual judeu pode dar ao movimento revolucionário impulso e rigor com sua atividade apaixonada. Com seu amor pelo trabalho, sua maneira sóbria de pensar e sua vida tranquila, o operário judeu do Leste Europeu pode ser comparado com o operário alemão.

Há, com efeito, operários judeus do Leste Europeu — presumo ser necessário sublinhar essa evidência em um país onde os "órgãos de opinião pública" falam repetidas vezes e em intervalos tão curtos da "massa improdutiva de imigrantes do Leste". Há operários judeus do Leste Europeu, judeus que não sabem regatear, negociar, exagerar os preços e "calcular", que não compram roupa velha nem as vendem de porta em porta com suas trouxas, embora sejam, amiúde, forçados a praticar um comércio triste e humilhante, porque nenhuma fábrica os aceita, porque há leis (sem dúvida, necessárias) que protegem os operários nativos da concorrência dos pares estrangeiros e porque, mesmo se não existissem essas leis, o preconceito dos empregadores, mas também dos camaradas, tornaria impossível a existência de um operário judeu. Na América do Norte, um operário judeu não é uma raridade. Na Europa Ocidental, nada se sabe desse operário, e sua existência é negada.

No Ocidente, nega-se também a existência do artesão judeu. No Leste, há judeus encanadores, carpinteiros, sapateiros, alfaiates, peleteiros, tanoeiros, vidraceiros e telhadores. A noção que se tem dos países do Leste, onde todos os judeus ou são rabinos milagreiros ou negociantes, de que toda a população cristã é composta de camponeses que convivem com os porcos e de senhores que nunca deixam de ir à caça ou beber, essas ideias pueris são tão ridículas quanto o sonho do judeu do Leste Europeu de uma Europa Ocidental humana. No Leste Europeu é mais fácil encontrar, entre a população, poetas e pensadores do que rabinos milagreiros e comerciantes. De resto, rabinos milagreiros, inclusive negociantes, podem ter como profissão principal a de poeta ou pensador, o que parece bastante difícil, por exemplo, aos generais da Europa Ocidental.

A guerra, a revolução na Rússia e a queda da monarquia austríaca aumentaram, consideravelmente, o número de judeus que emigram para o Ocidente. É certo que não vieram propagar a peste e os horrores da guerra e as (exageradas) crueldades da revolução. Ficaram ainda menos encantados com a hospitalidade dos europeus ocidentais do que estes com a visita desses hóspedes maltratados (os judeus do Leste Europeu tinham recebido os soldados da Europa Ocidental de maneira bastante diferente). Como, agora, estavam no Ocidente, e dessa vez não de forma voluntária, tinham de procurar um meio de subsistir. E encontraram-no com mais facilidade no comércio, que não é, absolutamente, uma profissão fácil. Desistiram de si, tornando-se comerciantes no Ocidente.

Desistiram de si. Perderam-se. A beleza melancólica esvaiu-se deles, e uma camada de aflição sem sentido, cinza como a poeira, e de desgosto profundo sem tragicidade, instalou-se sobre suas costas arqueadas. O desprezo colou-se-lhes à pele — antes eram apenas apedrejados. Assumiram compromissos. Mudaram seus trajes, suas barbas, seus cabelos, seus serviços religiosos, seu *shabat*, a maneira de governar sua casa; ainda se aferravam às tradições, mas a tradição soltou-se deles. Tornaram-se simples pequeno-burgueses. As preocupações dos pequeno-burgueses passaram a ser as suas preocupações. Pagavam os impostos, recebiam os formulários de residência, eram registrados e declaravam pertencer a uma "nacionalidade", a uma "cidadania", que lhes era "concedida" com muitas artimanhas; utilizavam os bondes, os elevadores e todos os benefícios da cultura. Tinham inclusive uma "pátria".

É uma pátria provisória. A ideia do nacionalismo está viva no judeu do Leste Europeu, mesmo que tenha assimilado os usos e costumes ocidentais. Sim, o sionismo e o conceito de nacionalidade são, por essência, ocidentais, mesmo que não o sejam em sua finalidade. Somente no Oriente ainda vivem pessoas que não se preocupam com sua "nacionalidade", ou seja, com sua filiação a uma "nação", segundo as concepções da Europa Ocidental. Falam várias línguas, são um produto da mistura de diversas raças e sua pátria é onde são forçosamente alistados em uma formação militar. Por muito tempo, os armênios caucasianos não eram nem russos nem armênios, eram muçulmanos e caucasianos e forneciam aos czares russos os mais fiéis guardas pessoais. A noção nacionalista é uma ideia ocidental. Os eruditos da Europa Ocidental inventaram e tentaram explicar o conceito de "nação". A velha monarquia austro-húngara deu provas, aparentemente práticas, à teoria das nacionalidades. Ou seja, ela poderia ter dado a prova contrária a essa teoria, se tivesse sido bem governada. A incapacidade de seus governantes forneceu a prova prática para uma teoria que, então, foi corroborada por um erro e se impôs graças aos erros. O sionismo moderno nasceu na Áustria, em Viena. Foi fundado pelo jornalista austríaco Theodor Herzl. Ninguém mais o poderia ter fundado. Os representantes de várias nações, com assento no Parlamento austríaco, estavam ocupados em lutar pelos direitos e liberdades nacionais, que seriam perfeitamente naturais se fossem concedidos. O Parlamento austríaco foi um substituto para os campos de batalha nacionais. Se era prometida aos tchecos uma nova escola, os alemães da Boêmia se sentiam ofendidos. Se era dado aos poloneses da Galícia Oriental um governador de língua polonesa, injuriavam-se os rutenos. Cada nação austríaca reclamava a "terra" que lhe pertencia. Só os judeus não podiam reclamar um território próprio (nesse caso, diz-se "torrão"). Na Galícia, a maioria deles não era nem polonesa nem rutena. Mas o antissemitismo encontrava-se vivo tanto entre os alemães como entre os tchecos, tanto entre os poloneses como entre os rutenos, tanto entre os magiares como entre os romenos da Transilvânia. Os judeus refutaram o provérbio segundo o qual se dois brigam, ganha um terceiro. Os judeus eram o terceiro sempre derrotado. Então, recobraram o ânimo e se declararam partidários de uma nacionalidade, ou seja, da nacionalidade judaica. Substituíram a falta de um "torrão" próprio na Europa pela aspiração a uma pátria palestina. Sempre foram pessoas vivendo em exílio. Doravante, passaram a ser uma nação vivendo em exílio. Enviaram representantes judeu-nacionais ao Parlamento austríaco e se puseram também a lutar pelos direitos cívicos e liberdades antes mesmo de lhes ser reconhecido os mais elementares direitos humanos.

"Autonomia nacional" era o grito de guerra da Europa, ao qual os judeus juntaram sua voz. O Tratado de Versalhes e a Liga das Nações se esforçaram por reconhecer também aos judeus o direito à sua "nacionalidade". Hoje, os judeus constituem, em muitos Estados, uma "minoria nacional". Estão longe de ter o que querem, mas já conseguiram muito: escolas próprias, direito a sua língua e alguns outros direitos com os quais se crê fazer a Europa feliz.

Mas mesmo se os judeus conseguissem conquistar todos os direitos de uma "minoria nacional" na Polônia, na Checoslováquia, na Romênia e na Áustria alemã, ainda surgiria a grande questão: saber se eles não são muito mais do que uma minoria nacional em estilo europeu; se não são mais do que uma "nação", como é entendida na Europa; se não renunciariam a uma reivindicação muito maior, exigindo "direitos nacionais".

Que sorte ser uma "nação" como os alemães, franceses, italianos, depois de ter sido já uma "nação" há três mil anos, feito "guerras santas" e vivido "períodos de esplendor"! Depois de ter decapitado generais estrangeiros e vencido os seus próprios! A época da "história nacional" e dos "estudos cívicos" ficou no passado dos judeus. Eles ocuparam e estabeleceram fronteiras, conquistaram cidades, coroaram reis, pagaram impostos, foram subjugados, tiveram "inimigos", foram prisioneiros, fizeram política mundial, destituíram ministros, tiveram uma espécie de universidade, com professores e alunos, uma casta sacerdotal soberba, riqueza, pobreza, prostituição, proprietários e famintos, senhores e escravos. Eles querem isso mais uma vez? Invejam os Estados europeus?

É certo que não querem apenas salvaguardar seu "caráter nacional". Querem o direito à vida, à saúde, à liberdade pessoal, direitos que em quase todos os países da Europa lhes são retirados ou restringidos. De fato, acontece na Palestina um renascimento nacional. Os jovens *chalutzim*[7] são camponeses e trabalhadores valorosos e provam que o judeu é capaz de trabalhar, praticar a agricultura e se tornar um filho da terra, embora, durante séculos, houvesse sido homem dos livros. Infelizmente, os *chalutzim* também são obrigados a lutar, a ser soldados e a defender a terra contra os árabes. Assim, o exemplo europeu é transferido à Palestina. Infelizmente, o jovem *chalutz* não é apenas alguém que regressa à terra dos seus ancestrais e um proletário com o sentido de justiça de uma pessoa que trabalha, ele é também um "portador de cultura". É tanto judeu quanto europeu. Leva aos árabes eletricidade, canetas-tinteiro, engenheiros, metralhadoras, filosofias rasas e toda a quinquilharia que a Inglaterra fornece. Sem dúvida, os árabes deveriam estar contentes com as belas estradas novas. Mas o instinto do homem primitivo se rebela, com razão, contra a investida de uma civilização anglo-saxônica e americana, que leva o respeitável nome do renascimento nacional. O judeu tem direito à Palestina, não por ser proveniente dessa terra, mas porque nenhuma outra pátria o quer. Que o árabe tema por sua liberdade é tão compreensível como é sincera a vontade de os judeus quererem ser um vizinho leal dos árabes. No entanto, a imigração de jovens judeus para a Palestina sempre nos fará lembrar uma espécie de cruzada judia porque, infelizmente, também eles utilizam armas de fogo.

Ainda que os judeus tenham recusado, com efeito, os usuais maus costumes e hábitos dos europeus, não conseguem se privar deles por completo. Eles próprios são europeus. O go-

---

7 Judeus que emigraram para a Palestina. (N.E.)

vernador judeu da Palestina é, sem dúvida, um inglês. E provavelmente mais inglês do que judeu. Os judeus são ou objetos ou executores desavisados da política europeia. São usados e vítimas de abuso. Em todo caso, dificilmente conseguirão se tornar uma nação com uma fisionomia de todo nova e não europeia. O sinal de Caim europeu permanece. É, decerto, melhor ser uma nação do que ser maltratado por outra. Mas isso é apenas uma necessidade dolorosa. Que orgulho tem o judeu, há muito desarmado, de precisar provar mais uma vez que *também* é capaz de praticar treinamentos militares!

O sentido do mundo não é, seguramente, ser constituído por "nações" e por pátrias; mesmo que de fato só quisessem preservar sua identidade cultural, não teriam, no entanto, o direito de sacrificar nem mesmo uma única vida humana. Mas as pátrias e as nações querem, na realidade, nem mais nem menos do que isto: a saber, sacrifícios para os interesses materiais. Criam "frentes" para preservar os territórios do interior. E, no infortúnio milenar em que vivem os judeus, tiveram uma única consolação: *não* possuir uma pátria dessa natureza. Se algum dia houver uma historiografia justa, então será concedido o mérito aos judeus por terem sabido preservar o juízo de não possuir uma "pátria" em um tempo em que o mundo se entregava à loucura patriótica.

Eles não têm uma "pátria", os judeus; porém, todo país em que vivem e pagam seus impostos exige deles patriotismo e morte heroica, incriminando-os por não se mostrarem prontos para morrer. Nessas circunstâncias, o sionismo é, de fato, a única saída. Se é necessário patriotismo, que seja pelo próprio país.

Mas enquanto os judeus viverem em terras estrangeiras têm de viver e, infelizmente, também morrer por esses países. Sim, há, inclusive, judeus que se prontificam a viver e a morrer por esses países. Há judeus do Leste Europeu que se assimilam aos locais de sua escolha e adotam, à perfeição, os valores da população nativa, como "pátria", "dever", "morte heroica" e "empréstimos de guerra". Tornam-se judeus ocidentais, europeus ocidentais.

Quem é o "judeu ocidental"? É aquele que pode provar que seus ancestrais tiveram a felicidade de nunca se verem forçados a fugir dos pogroms na Idade Média ou mais tarde; dos pogroms da Europa Ocidental, ou seja, da Alemanha? Um judeu de Breslau, que durante muito tempo foi uma cidade polonesa conhecida por "Wrocław", é mais judeu ocidental do que aquele proveniente da Cracóvia, que continua sendo uma cidade polonesa? Judeu ocidental é aquele cujo pai já não pode se lembrar como são as cidades de Posen ou de Lemberg[8]? Quase todos os judeus foram, um dia, judeus ocidentais, antes de chegarem à Polônia ou à Rússia. E todos os judeus foram, um dia, "judeus do Leste Europeu", antes de uma parte deles se tornar ocidental. E metade de todos os judeus que falam, hoje, com desprezo ou desdém do Leste, tinham avós oriundos de Ternopil. E mesmo que seus avós não viessem de Ternopil, seria um mero acaso que seus ancestrais não tivessem sido forçados a fugir para Ternopil. Como era fácil, no torvelinho de um pogrom, alguém ir para o Leste, onde ainda não se tinha começado a agredir!... Por isso, é injusto afirmar que um judeu vindo do Leste para a Alemanha em 1914 fosse menos ciente do significado de empréstimo de guerra ou de recrutamento militar do que um judeu cujos antepassados iam ao recrutamento ou à administração das finanças já havia trezentos anos. Quanto mais tolo fosse o imigrante, mais rápido firmava o empréstimo de guerra. Muitos judeus, judeus orientais ou filhos e netos de judeus do Leste Europeu, morreram na guerra por todos os países europeus. Não digo isso para desculpar os judeus do Leste Europeu; ao contrário: *eu os censuro por isso*.

Morreram, sofreram, contraíram tifo, enviaram "assistentes espirituais" ao campo de batalha, embora os judeus tenham a permissão de morrer sem a assistência de rabinos e necessitem do sermão patriótico do capelão militar ainda menos do que seus camaradas cristãos. Achegaram-se, per-

---

8   Atual Lviv, na Ucrânia. (N.E.)

feitamente, aos vícios e abusos ocidentais. Assimilaram-se. Deixaram de orar nas sinagogas e nos locais de culto para fazê-lo em templos enfadonhos, onde o serviço religioso se torna tão mecânico como em toda igreja protestante de melhor padrão. Tornam-se judeus do templo, isto é, senhores bem-educados e bem-escanhoados, de casacos e cartolas, que embrulham o livro de orações na folha do editorial do jornal judaico preferido, porque pensam ser reconhecidos menos facilmente com esse editorial do que com o livro de orações. Nos templos, ouve-se o órgão; o organista e o pregador cobrem a cabeça, assemelhando-se aos religiosos cristãos. Todo protestante que entra por engano em um templo judaico deveria admitir que a diferença entre um judeu e um cristão não é de forma alguma tão grande, e que se teria de deixar de ser antissemita se a concorrência comercial não fosse tão perigosa. Os avós lutavam ainda furiosamente com o Senhor, batiam as cabeças até se ferirem nos muros tristes do pequeno templo, suplicavam pelo castigo para seus pecados e imploravam o perdão. Os netos se tornaram ocidentais. Precisam do órgão para se inspirarem, seu Deus é uma espécie de força abstrata da natureza, sua prece é uma fórmula. E orgulham-se disso! São tenentes da reserva e seu Deus é o superior de um capelão da corte, e justamente aquele Deus por cuja graça reinavam os reis.

Depois, chama-se a isso "ter cultura ocidental". Quem possui essa cultura pode já menosprezar o primo, que, ainda autêntico e não contaminado, chega do Leste, possuindo mais humanidade e divindade do que todos os pregadores podem encontrar nos seminários de Teologia da Europa Ocidental. Tomara que esse primo tenha forças suficientes para não se render à assimilação.

Em seguida, procurarei descrever como esse primo e pessoas semelhantes a ele vivem na sua terra natal e no estrangeiro.

A CIDADEZINHA JUDAICA

A pequena cidade se localiza no meio da planície, sem limites de montanha, floresta ou rio. Estende-se pela planície. Começa com choupanas pequenas e com elas termina. As casas substituem as choupanas. Então, começam as estradas. Uma corre de sul a norte; a outra, de leste a oeste. No cruzamento, fica a praça do mercado. Na extremidade da estrada norte-sul, a estação ferroviária. Uma vez por dia, chega um trem de passageiros. Uma vez por dia, parte um trem de passageiros. No entanto, muita gente tem o que fazer durante todo o dia na estação. Pois são comerciantes. Interessam-se também pelos trens de mercadoria. Além disso, gostam de levar cartas urgentes à estação, porque as caixas de correio da cidade são esvaziadas apenas uma vez por dia. O caminho de volta à estação se perfaz a pé em quinze minutos. Quando chove, é preciso tomar um veículo, porque a terraplanagem da estrada é malfeita e ela fica inundada. Os pobres se reúnem e tomam juntos um veículo, que não comporta seis pessoas sentadas, mas ao menos lhes dá lugar. O rico se senta sozinho em seu veículo e paga mais pela viagem do que seis pobres. Existem oito coches para o serviço de transporte. Seis são tracionados por um único cavalo. Os dois tracionados por dois cavalos são para os hóspedes ilustres, que, às vezes, por acaso, vão parar nessa cidade. Os oito cocheiros são judeus. Judeus pios que não cortam a barba, mas não usam casacos demasiado longos como seus parceiros de fé. Podem exercer melhor seu ofício com jaquetas curtas. Eles não viajam no *shabat*. No *shabat*, também não se tem o que fazer na estação. A cidade tem dezoito mil habitantes, dos quais quinze mil são judeus. Entre os três mil cristãos, cerca de cem são comerciantes e vendedores, cem funcionários, um tabelião, um médico de família e oito policiais. Na verdade, há dez policiais, mas curiosamente dois deles são judeus. Não sei o que de fato fazem os outros cristãos. Dos quinze mil judeus, oito mil vivem do comércio. São pequenos, médios e grandes negociantes. Os outros sete mil judeus são pequenos artesãos, operários, carregadores de água, eruditos, funcionários do culto religioso, servidores da sinagoga, professores, escribas da Torá, tecelões do *talit*, médicos, advogados, funcionários públicos, mendigos e pobres envergonhados, que vivem da beneficência pública, coveiros, especialistas em circuncisão e escultores de pedras sepulcrais.

A cidade tem duas igrejas, uma sinagoga e cerca de quarenta pequenos templos de oração. Os judeus oram três vezes por dia. Precisariam fazer seis vezes o caminho para a sinagoga e de volta para casa ou para suas lojas se não tivessem tantos templos de oração, nos quais, aliás, não só oram, como também estudam a ciência judaica. Existem eruditos judeus que estudam nos templos de oração das cinco da manhã até a meia-noite, como o fazem eruditos europeus em bibliotecas. Só no *shabat* e nos feriados vão comer em casa. Quando não possuem bens ou benfeitores, vivem das pequenas dádivas da comunidade e, ocasionalmente, de trabalhos piedosos, como, por exemplo, recitar, dar aulas ou tocar o *shofar* em grandes celebrações. As mulheres se ocupam da família, das tarefas da casa e das crianças; no verão, fazem um pequeno comércio de milho; no inverno, de nafta, pepinos em conserva, feijão e quitandas.

Os comerciantes e os outros judeus que têm uma vida ativa oram muito depressa e encontram ainda, aqui e ali, tempo para falar das novidades e da política do grande e do pequeno mundo. Fumam cigarros e tabaco barato de cachimbo no templo de oração. Comportam-se como se estivessem em um cassino. Não estão no templo de Deus como hóspedes raros, mas como se estivessem em suas casas. Não lhe fazem uma visita oficial; ao contrário, se reúnem três vezes ao dia à volta de suas mesas ricas ou pobres e sagradas. Durante a oração, se rebelam contra Ele, bradam ao céu, lamentam sua austeridade e, na casa de Deus, agem contra Deus, para em seguida admitir que pecaram, que todos os castigos foram justos e que querem ser melhores. Não existe outro povo que tenha essa relação com Deus. É um povo antigo e O conhece há muito! Experimentou sua imensa bondade e sua fria equidade, pecou muitas vezes, expiou amargamente seus pecados e sabe que pode ser punido, mas jamais abandonado.

Para o estrangeiro, os templos de oração parecem todos iguais, mas não o são, e em muitos aspectos o serviço religioso é diverso. A religião judaica não conhece seitas, porém distintos grupos de seitas similares. Existe uma ortodoxia de austeridade implacável e outra mais moderada. Existe uma série de orações "asquenazes" e "sefarditas" e diferenças textuais no âmbito das mesmas orações.

É muito clara a separação entre os chamados judeus esclarecidos e os que creem na Cabala, seguidores individuais dos rabinos milagreiros, cada um dos quais possui seu grupo específico de hassídicos. Os judeus esclarecidos não são exatamente judeus incrédulos. Apenas rejeitam qualquer forma de misticismo, e sua fé inquebrantável nos milagres narrados na Bíblia não pode ser abalada pela incredulidade que manifestam diante dos milagres dos rabis contemporâneos. Para os hassídicos, o rabino milagreiro é o mediador entre o homem e Deus. Os judeus "esclarecidos" não precisam de um mediador. Consideram até mesmo pecado acreditar em um poder terreno capaz de se antecipar aos desígnios divinos; são seus próprios porta-vozes. No entanto, muitos judeus, mesmo que não sejam hassídicos, não conseguem se subtrair à atmosfera maravilhosa que envolve um rabi, e judeus incrédulos e inclusive camponeses cristãos em situações difíceis recorrem ao rabi à procura de consolo e ajuda.

Todos os judeus do Leste Europeu opõem aos estranhos e aos inimigos uma fronte fechada ou uma fronte aparentemente fechada. Nada traspassa ao mundo exterior do zelo com o qual os grupos isolados lutam entre si, do ódio e da amargura que manifestam os partidários de um rabino milagreiro contra os do outro, e do desprezo que todos os judeus piedosos nutrem por aqueles filhos de seu povo que se adaptaram exteriormente aos costumes e ao vestuário de seu ambiente cristão. A maioria dos judeus piedosos condena de forma veemente todo homem que faz a barba — já que, em geral, o rosto barbeado apresenta o sinal nítido do declínio da fé. O judeu barbeado já não leva a marca diferencial do seu povo. Ele tenta, mesmo sem querer, se assemelhar a um desses cristãos afortunados que não são nem perseguidos nem escarnecidos. Também este não escapa do antissemitismo. Mas é, precisamente, dever dos judeus esperar não das pessoas, porém de Deus, o abrandamento de seu destino. Toda assimilação, mesmo a mais superficial, é uma fuga ou a tentativa de uma fuga da triste comunidade dos perseguidos; é uma tentativa de corrigir as contradições que, a despeito disso, continuam a existir.

Já não existem fronteiras para se proteger da miscigenação. Por isso, todo judeu leva suas fronteiras em torno de si. Seria lamentável prescindir delas; pois, por maior que seja a aflição, o futuro trará a mais magnífica das redenções. A aparente covardia do judeu que não reage à pedra atirada por uma criança brincando e que não quer ouvir o grito de insulto é, na verdade, o orgulho de alguém que sabe que um dia triunfará e que nada lhe pode acontecer se Deus não o quiser, e que uma reação de defesa não protege de maneira tão milagrosa como o faz a vontade de Deus. Ele já não se deixou queimar alegremente? Que mal pode lhe causar um seixo e a baba de um cão raivoso? O desprezo que um judeu do Leste Europeu sente por incrédulos é mil vezes maior do que aquele que o poderia atingir. O que é um homem rico, um chefe de polícia, um general, um governador contra a palavra de Deus, contra uma dessas palavras que o judeu tem sempre no seu coração? Enquanto ele cumprimenta o senhor, este zomba dele. O que sabe esse senhor do verdadeiro sentido da vida? Mesmo se fosse sábio, sua sabedoria resvalaria na superfície das coisas. Ele pode conhecer as leis do país, construir ferrovias e inventar objetos curiosos, escrever livros e ir às caçadas acompanhando reis. O que é tudo isso comparado com um pequeno símbolo da Escritura Sagrada e comparado com a mais ridícula das questões posta pelo mais jovem dos estudantes do Talmude?

Para o judeu que pensa dessa maneira, qualquer lei que lhe garanta liberdade pessoal e nacional lhe é perfeitamente indiferente. As pessoas não podem lhe dar nada verdadeiramente bom. De fato, é quase um pecado lutar por alguma coisa junto às pessoas. Esse judeu não é um judeu "nacional" da forma como isso é entendido na Europa Ocidental. É um judeu de Deus. Não luta pela Palestina. Odeia o sionista que, empregando meios europeus ridículos, quer edificar um judaísmo que já não será um, porque não esperou nem pelo Messias nem pela mudança das intenções de Deus, que certamente virá. Nessa imensa loucura, há tanta abnegação como na bravura dos jovens *chalutzim* que constroem a Palestina — mesmo que estes possam se dirigir a um objetivo e aqueles à destruição. Entre essa ortodoxia e um sionismo que constrói caminhos durante o *shabat* não pode haver reconciliação. Um cristão está mais próximo de um judeu do Leste Europeu hassídico e ortodoxo do que de um sionista. Pois este quer modificar o judaísmo fundamentalmente. Quer uma nação judaica que se pareça com as nações europeias. Ter-se-á, então, talvez, uma terra própria, mas sem judeus. Esses judeus não percebem que o progresso do mundo destrói a religião judaica, que há cada vez menos crentes que perseveram na fé e que o número de judeus pios vai se reduzindo. Eles veem a evolução judaica não em relação à evolução do mundo. Pensam de maneira sublime e equivocada.

Muitos ortodoxos se deixaram convencer. Não veem no rosto escanhoado o indício do apóstata. Seus filhos e netos vão para a Palestina como operários. Seus filhos se tornam deputados nacionalistas judeus. Resignaram-se e se reconciliaram; a despeito disso, não deixaram de crer no milagre do Messias. Fecharam acordos.

Uma grande massa de hassídicos, que assume uma situação muito particular no seio do judaísmo, continua ainda irreconciliável e angustiada. Para o europeu ocidental, eles são tão distantes e enigmáticos como, por exemplo, os habitantes do Himalaia, que hoje estão em voga. Com efeito, são difíceis de investigar, pois, mais sensatos do que os objetos indefesos do zelo investigativo europeu, já conheceram a superficialidade da civilização europeia, e não se pode impressioná-los nem com um projetor de cinema, nem com um binóculo, nem com um avião. Mesmo se sua ingenuidade e sua hospitalidade fossem tão grandes quanto às dos outros povos ultrajados por nossa sede de conhecimento — ainda assim, dificilmente encontrar-se-ia um erudito europeu que empreendesse uma viagem de estudo entre os hassídicos. Visto que eles vivem entre nós, considera-se os judeus como um povo já "investigado". No entanto, na corte de um rabino milagreiro acontecem coisas tão interessantes quanto na dos faquires indianos.

Muitos rabinos milagreiros vivem no Leste e cada um deles é considerado por seus seguidores como o maior. A dignidade do rabino milagreiro é herdada por gerações, de pai para filho. Cada um tem sua própria corte, seus próprios guarda-costas, os hassídicos, que entram e saem de sua casa, oram com ele, jejuam com ele e comem com ele. Ele pode abençoar e sua bênção se realizará. Pode amaldiçoar e sua maldição se realizará e atingirá uma geração inteira. Ai do escarnecedor que o negue! Venturoso o crente que lhe oferece presentes, mas o rabi não os utilizará para si. Ele vive de modo mais modesto do que o último dos mendigos. Sua alimentação serve apenas para mantê-lo vivo. Ele vive só porque quer servir a Deus. Alimenta-se de pequenos nacos de alimentos e de gotinhas de bebidas. Sentado à mesa entre os seus, serve-se de seu prato farto apenas um pouco, bebe de seu copo e deixa circular o prato à roda da mesa. Todos os convidados ficam saciados com o repasto do rabi. Ele próprio não tem necessidades corporais. O gozo da sua mulher é um dever sagrado para ele e só é um gozo por ser um dever. Ele tem de procriar para que o povo de Israel se multiplique como os grãos de areia que se espalham pelas praias do mar e como as estrelas do céu. As mulheres estão sempre banidas de seu ambiente mais próximo. Mais do que comida, a alimentação é um agradecimento ao Criador pelo milagre dos alimentos e um cumprimento do mandamento de se alimentar de frutas e de animais, pois *Ele* criou tudo para a humanidade. O rabi lê os livros sagrados dia e noite. De tanto os ler, conhece muitos deles de memória. Mas cada palavra, mesmo cada letra, contém milhões de páginas e cada página proclama a grandeza de Deus, nas quais jamais nos saciaremos de aprender. Dia após dia, é procurado por pessoas que têm um amigo próximo doente, uma mãe moribunda, pessoas que são ameaçadas de prisão, perseguidas pelas autoridades, um filho declarado apto para o serviço militar a fim de fazer o treinamento em benefício de estranhos e morrer em uma guerra absurda. Ou por homens cujas mulheres são estéreis e que querem ter um filho. Ou por pessoas que se encontram diante de uma decisão importante e não sabem o que devem fazer. O rabi auxilia e intercede não apenas entre uma pessoa e Deus, porém, o que é ainda mais difícil, entre uma pessoa e outra. As pessoas vêm procurá-lo de lugares distantes. Durante um ano, ele ouve as mais extraordinárias histórias e nenhum caso é tão intrincado que já não tenha ouvido outro ainda mais complicado. O rabi tem tanta sabedoria quanto experiência e também tanta inteligência prática quanto fé em si mesmo e em seu ser eleito. Ele auxilia tanto com um conselho quanto com uma oração. Aprendeu a interpretar os versículos das Escrituras e os Mandamentos de Deus de maneira que não contradigam as leis da vida e onde subsista uma lacuna pela qual o refutador possa se evadir. Desde o primeiro dia da Criação, muitas coisas mudaram, mas não a vontade de Deus, que se revela nas leis fundamentais do mundo. Não há necessidade de compromisso para prová-lo. Tudo não passa de uma questão de entendimento. Quem vivenciou tanta coisa como o rabi está além de qualquer dúvida. Já deixou para trás a etapa do saber. O círculo se encerrou. O homem volta a ser religioso. A ciência soberba do cirurgião leva o paciente à morte, e a sabedoria inconsistente do físico induz o aprendiz ao erro. Não se acredita mais naquele que sabe. Acredita-se em quem crê.

Muitos acreditam nele. Ele próprio, o rabi, não faz distinção alguma entre os mais fiéis realizadores dos mandamentos escritos e os menos fiéis — a propósito, nem sequer entre o judeu e o não judeu, entre o homem e o animal. Quem o procura, sabe que terá sua ajuda. O rabi sabe mais do que pode dizer. Sabe que, além deste mundo, há ainda outro, com outras leis. E talvez até pressinta que as proibições e os mandamentos tenham sentido neste mundo e que não façam sentido em outro. O que importa a ele é o cumprimento da lei não escrita e que, por isso mesmo, é ainda mais válida.

As pessoas cercam sua casa. Comumente, é uma casa maior, mais iluminada e mais ampla do que as pequenas casas dos judeus. Certos rabis podem manter uma verdadeira corte. Suas mulheres usam roupas preciosas e dispõem de criadas; possuem cavalos e estábulos: não para seu prazer, porém, para apregoar sua situação.

* * *

Era um dia no fim do outono em que me pus a caminho para visitar o rabi. Um dia de fim de outono do Leste, ainda quente, de uma grande humildade e uma indiferença dourada. Levantei-me às cinco horas da manhã, um nevoeiro úmido e frio levantava-se, e sobre os dorsos dos cavalos à espera percorriam tremores visíveis. Cinco mulheres judias estavam sentadas comigo no veículo de camponeses. Usavam trajes pretos de lã, aparentando ser mais velhas do que eram; as tribulações tinham deixado marcas em seus corpos e rostos; eram comerciantes; ofereciam aves às casas das pessoas prósperas e viviam de seus parcos rendimentos. Todas levavam consigo os filhos ainda pequenos. Onde é que elas poderiam deixar as crianças em um dia em que os vizinhos foram ver o rabi?

Enquanto o sol nascia, chegamos à pequena cidade do rabi, e vimos que muitas pessoas haviam chegado antes de nós. Essas pessoas estavam lá havia dias, dormindo nos corredores dos edifícios, nos celeiros, nas medas de feno, e os judeus locais faziam bons negócios, alugando alojamentos para pernoites por um bom preço. A ampla estalagem estava cheia. A estrada era acidentada, estacas de cerca apodrecidas substituíam a calçada e as pessoas se acocoravam nas estacas.

Eu usava um casaco de pele curto e botas altas de montaria e parecia um desses temidos funcionários do local, que com um gesto pode mandar alguém à prisão. Assim, as pessoas me deixavam passar à frente, abriam espaço e se surpreendiam com minha cortesia. Diante da casa do rabi havia um judeu ruivo, o mestre de cerimônias, assediado por toda a gente com pedidos, maldições, cédulas de dinheiro e esbarrões, um homem de poder que não conhecia a misericórdia e que, com uma espécie de brutalidade medida, empurrava tanto os que suplicavam como os que blasfemavam. Sucedia, inclusive, de ele receber dinheiro de alguns; porém, não os deixava entrar e se esquecia de quem lhe havia dado a gratificação ou se portava como se houvesse esquecido. Seu rosto era de uma palidez cerúlea e sombreado por um chapéu redondo de veludo preto. Sua barba rubro-acobreada saltava do queixo em espessos novelos em direção às pessoas, rala aqui e ali nas faces, como um estofo puído, e crescia plenamente a seu alvedrio, sem respeitar uma certa ordem que a natureza destina também às barbas. O judeu tinha olhos pequenos e amarelos, sob sobrancelhas muito ralas, quase imperceptíveis, maxilares largos e fortes que evidenciavam a mistura eslava, e lábios pálidos e azulados. Quando gritava, mostrava a dentadura forte e amarelada; quando empurrava alguém, via-se sua mão vigorosa, com pelos ruivos inteiriçados.

Fiz a esse homem um sinal que ele devia entender. Isso significava: aqui há alguma coisa de extraordinário, e só podemos conversar os dois à porta fechada. Ele desapareceu. Bateu a porta, trancou-a e, abrindo caminho entre a multidão, se dirigiu até mim.

"Vim de longe, não sou daqui e gostaria de falar com o rabi. Mas não posso lhe dar muito dinheiro."

"Se há uma pessoa doente, ou quer pedir uma oração para sua saúde, ou está se sentindo mal, escreva tudo o que quer em um pedaço de papel e o rabi o lerá e fará uma oração pelo senhor!"

"Não, eu quero vê-lo!"

"Então venha talvez depois dos dias de festa."

"Não, não posso. Preciso vê-lo hoje!"

"Nesse caso não posso ajudá-lo, ou passe pela cozinha!"

"Onde é a cozinha?"

"Fica do outro lado."

"Do outro lado" aguardava um senhor que, aparentemente, havia desembolsado uma dinheirama. Era, em todos os aspectos, um senhor. Percebia-se em sua corpulência, em seu casaco de pele e em seu olhar que nem procurava nada específico nem o encontrara. Sabia perfeitamente que a porta da cozinha se abriria em cinco ou, no mais tardar, em dez minutos.

Quando ela se abriu de fato, o abastado senhor ficou um tanto pálido. Atravessamos um corredor escuro de piso irregular e, mesmo o senhor acendendo um palito de fósforo, ainda assim avançou inseguro.

Ficou durante muito tempo com o rabi e saiu de ótimo humor. Mais tarde ouvi dizer que esse senhor tinha o costume prático de ir ver o rabi uma vez por ano passando pela cozinha, que era um rico negociante de nafta e proprietário de minas e que distribuía tanto dinheiro entre os pobres que se podia permitir contornar muitos deveres sem precisar temer uma punição.

Em um aposento com uma decoração simples, o rabi estava sentado a uma pequena mesa em frente à janela que dava para o pátio, com a mão esquerda apoiada na mesa. Tinha cabelos pretos, uma barba curta e preta e olhos castanhos. Seu nariz se projetava de forma vigorosa do rosto, como se por uma súbita decisão, alargando-se e se achatando na ponta. As mãos do rabi eram finas e ossudas e as unhas, brancas e pontiagudas.

Com uma voz enérgica, perguntou-me o que eu desejava e me olhou furtivamente para, em seguida, fitar o pátio.

Disse-lhe que queria vê-lo, tendo ouvido muito falar de sua sabedoria.

"Deus é sábio!", disse e voltou a olhar para mim.

Fez um sinal para que me aproximasse da mesa, estendeu-me a mão e, em um tom amável de velho amigo, disse: "Desejo-lhe toda sorte de coisas boas!".

Voltei pelo mesmo caminho. Sentado na cozinha, o homem de cabelos ruivos comia avidamente uma sopa de feijão com uma colher de pau. Dei-lhe uma cédula de dinheiro. Pegou-a com a mão esquerda, levando a colher com a direita à boca.

Lá fora, saiu atrás de mim. Queria informar-se das novidades e saber se o Japão se armava de novo para a guerra.

Falamos das guerras e da Europa. Ele disse: "Ouvi dizer que os japoneses não são *goy* como os europeus. Então por que fazem guerras?".

Penso que qualquer japonês ficaria constrangido e não encontraria resposta alguma.

* * *

Vi que nessa pequena cidade viviam só judeus ruivos. Algumas semanas mais tarde celebraram a festa da Torá e observei como dançavam. Não era a dança de uma raça degenerada. Não era apenas a força de uma fé fanática. Era, sem dúvida, uma saúde que encontrava no elemento religioso a ocasião para sua explosão.

Os hassídicos davam as mãos uns aos outros, dançavam em círculo, rompiam o anel e batiam palmas, jogavam a cabeça para a esquerda e para a direita ao ritmo da música, pegavam os rolos da Torá, balançavam-nos em círculo como se fossem moças, os apertavam contra o peito, os beijavam e choravam de alegria. Havia nessa dança um prazer erótico. Fiquei profundamente comovido ao ver todo um povo consagrar seu prazer sensual ao seu Deus, fazendo do livro com as mais rigorosas leis sua amante, sem poder separar o desejo físico do prazer intelectual, senão uni-los. Era libido e fervor; a dança, um serviço religioso, e a oração, um excesso sensual.

As pessoas bebiam hidromel em grandes púcaros. De onde vem a mentira de que os judeus não podem beber? Em parte, há uma admiração; em parte, censura, uma desconfiança de uma raça censurada pelo estado permanente da consciência. Vi judeus ficarem inconscientes, não depois de beber três canecas de cerveja, mas depois de cinco jarros de hidromel forte e não por ocasião da comemoração de uma vitória, mas pela alegria de Deus os ofertar a lei e o saber.

Eu já os tinha visto perderem a consciência. Foi durante o *Yom Kipur*. Na Europa Ocidental, chama-se "Dia do Perdão", nome que contém toda a disposição de conciliação do judeu ocidental. Mas o *Yom Kipur* não é um dia da reconciliação, e sim da expiação, um dia pesado, cujas 24 horas contêm uma penitência de 24 anos. Começa na véspera, às quatro horas da tarde. Em uma cidade em que a grande maioria da população é de judeus, sente-se a maior de todas as festividades judaicas como uma pesada trovoada no ar quando se está a bordo de uma frágil embarcação em alto-mar. Súbito, as ruazinhas escurecem porque de todas as janelas jorra a luz das velas e as lojas são fechadas com urgência e uma precipitação receosa — e de maneira tão indescritivelmente hermética que se pode imaginar que só voltarão a ser abertas no dia do Juízo Final. É uma despedida geral das coisas mundanas: dos negócios, da alegria, da natureza, da comida, da rua, da família, dos amigos e dos conhecidos. Pessoas que duas horas antes davam voltas pelas ruas ainda com seus trajes de todos os dias, com seus rostos habituais, se apressam, transformadas, através das ruazinhas, em direção à casa de oração, vestidas de seda preta e pesada e com o branco terrível das suas roupas fúnebres, de meias brancas e pantufas folgadas, cabisbaixas, o manto de oração debaixo do braço e o grande silêncio que, em uma cidade antes quase oriental no seu burburinho, se intensifica cem vezes mais, atingindo até mesmo as crianças cheias de vida, cuja gritaria é a tônica mais forte na música do cotidiano. Nesse momento, todos os pais abençoam seus filhos. Nesse momento, todas as mulheres choram diante dos candelabros de prata. Todos os amigos se abraçam. Todos os inimigos pedem perdão uns aos outros. O coro dos anjos toca as trombetas aclamando o Dia do Julgamento. Em breve o Senhor abrirá o grande livro em que estão registrados os pecados, os castigos e os destinos desse ano. Agora se acendem as luzes para todos os mortos; outras são acesas para todos os vivos. Os mortos são deste mundo; os vivos, um passo do além. Começa a grande oração. O grande jejum começou já há uma hora. Centenas, milhares, dezenas de milhares de velas ardem uma ao lado da outra, uma atrás da outra, se curvam umas às outras, se fundem em grandes labaredas. Das milhares de janelas irrompe o grito de oração, interrompido por melodias calmas e suaves do além, um canto ouvido do céu. As pessoas, ombro a ombro em todas as casas de oração. Muitas se atiram ao chão, permanecem ali durante muito tempo, se levantam, se sentam no chão ladrilhado e nos escabelos, se agacham e se erguem de súbito, balançam os troncos, correm, como sentinelas extáticas da oração, num vaivém sem fim em um espaço reduzido; casas inteiras estão repletas de mortalhas brancas, de vivos que não estão aqui, de mortos que voltam à vida, nem uma gota umedece os lábios secos e refresca as gargantas que bradam de tanto lamento — não para este mundo, mas para o mundo do além. Elas não comerão hoje nem amanhã. É terrível saber que nessa cidade, hoje e amanhã, ninguém comerá nem beberá. Todos se tornaram subitamente espectros com as características de espectros. Cada pequeno negociante é um super-homem, pois hoje quer alcançar Deus. Todos estendem as mãos para Lhe tocar na ponta de Suas vestimentas. Todos, sem distinção: os ricos são tão pobres como os pobres, pois ninguém tem o que comer. Todos são pecadores e todos oram. Sobrevém-lhes uma vertigem, cambaleiam, se enfurecem, sussurram, se ferem, cantam, gritam, choram, lágrimas pesadas escorrem pelas velhas barbas e a fome desaparece com a dor da alma e da eternidade das melodias que o ouvido arrebatado alcança.

Semelhante transformação das pessoas só fui ver nos funerais judaicos.

O cadáver do judeu piedoso é depositado em um caixão simples de madeira coberto com um pano preto. Não é transportado por um veículo, mas carregado por quatro judeus, a passos acelerados — pelo caminho mais curto; não sei se é um regulamento ou se acontece porque, a passos mais lentos, duplicaria o peso para os carregadores. Quase correm com o cadáver pelas ruas. Os preparativos duram todo o dia. Nenhum morto pode ficar insepulto por mais de 24 horas. O choro dos que permanecem vivos é ouvido em toda a cidade. As mulheres percorrem as ruas pranteando sua dor perante qualquer estranho. Falam com o falecido, atribuem-lhe nomes carinhosos, pedem-lhe perdão e suplicam misericórdia, atormentam-se com censuras, questionam, desamparadas, o que farão doravante, afirmam que não querem mais viver — e tudo isso no meio da rua, em plena estrada, sempre às pressas —, enquanto rostos indiferentes olham das janelas de suas casas, forasteiros fazem negócios, veículos circulam e os proprietários das lojas atraem a freguesia.

No cemitério, desenrolam-se as cenas mais tocantes. As mulheres não querem deixar as sepulturas, é preciso obrigá-las; o consolo tem o aspecto da domesticação. A melodia da oração fúnebre é de uma simplicidade esplêndida; a cerimônia do sepultamento, breve e quase precipitada; uma multidão de mendigos peleja por esmolas.

Os familiares mais próximos ficam sentados em pequenos escabelos durante sete dias na casa do finado, andam de meias e são como semimortos. Nas janelas, arde uma luminária fúnebre, pequena e mortiça, diante de um pequeno pedaço de tela branca, e os vizinhos trazem à família em luto um ovo cozido, a alimentação daqueles cuja dor é circular, sem começo e sem fim.

* * *

A alegria pode ser forte como a dor.

Um rabi milagreiro ofereceu em casamento o filho de 14 anos à filha de 16 de um colega, e os hassídicos dos dois rabis vieram para a festa que durou oito dias e contou com a presença de cerca de seiscentos convidados.

As autoridades tinham lhes cedido um velho quartel desativado. A romaria dos convidados durou três dias. Vieram com veículos, cavalos, sacos de palha, almofadas, crianças, joias e malas enormes e se instalaram nos aposentos do quartel.

Foi um grande alvoroço na pequena cidade. Cerca de duzentos hassídicos se caracterizaram, com antigos trajes russos, cingindo na cintura velhas espadas e cavalgando sem sela pelo lugar. Alguns eram bons cavaleiros e reprovavam todas as piadas de mau gosto que reportam aos médicos militares judeus, sugerindo que teriam medo de cavalos.

Oito dias duraram o barulho, os esbarrões, o canto, a dança e a bebida. Não me deixavam participar da festa. Estava organizada só para os envolvidos e seus sequazes. Os estranhos se espremiam do lado de fora, observavam pelas janelas e escutavam a música de dança que, aliás, era boa.

De fato, há bons músicos judeus no Leste. Essa profissão é hereditária. Alguns músicos alcançam grande prestígio e uma notoriedade que ultrapassa léguas além da sua cidade natal. Os verdadeiros músicos não têm uma ambição maior. Sem terem conhecimento das notas musicais, compõem melodias que legam aos filhos e, às vezes, a uma grande parte do povo judeu do Leste Europeu. São compositores de canções populares. Após sua morte, contam-se curiosidades sobre sua vida ainda durante cinquenta anos. Logo, seus nomes desaparecem e suas músicas são cantadas e percorrem vagarosamente seu caminho pelo mundo.

Os músicos são muito pobres, pois vivem de alegrias alheias. São extremamente mal pagos, mas ficam contentes quando podem levar boa comida e pão de mel para sua família. Recebem gorjetas dos convidados ricos para quem tocam. Segundo a lei inexorável do Leste, todo homem pobre, portanto também o músico, tem muitos filhos. Isso é ruim, mas é também bom, pois os filhos se tornam músicos e formam uma "orquestra" que, quanto maior, mais ganha, e o rumor de seu nome se propaga tanto mais quanto mais portadores desse nome houver. Às vezes, um descendente tardio dessa família parte mundo afora e se torna um virtuose famoso. Alguns desses músicos vivem no Ocidente, mas não faz sentido citar nomes. Não que isso lhes pudesse ser embaraçoso, mas porque seria injusto para com os seus ancestrais desconhecidos, que não precisam ter sua grandeza confirmada pelo talento de seus descendentes.

Alcançam notoriedade artística também os cantores, ou seja, os antifoneiros ou *chantres*, como são chamados no Ocidente, cuja designação profissional é *chazan*. Em geral, esses cantores têm uma situação melhor do que a dos músicos, porque sua tarefa é religiosa, sua arte é espiritual e sagrada. Sua atividade os aproxima dos sacerdotes. Alguns deles, cuja notoriedade chega até a América, recebem convites de ricas comunidades judaicas americanas. Em Paris, onde existem algumas comunidades judaicas ricas provenientes do Leste, os representantes das sinagogas mandam trazer a cada ano um desses renomados cantores e *chantres* para as comemorações. Os judeus vão para as orações como se fossem a um concerto, e satisfazem tanto suas necessidades religiosas quanto artísticas. É possível que o conteúdo das orações cantadas e o ambiente em que são proferidas elevem o valor artístico do cantor. Jamais pude verificar se os judeus que me diziam com convicção que esse ou aquele *chazan* cantava melhor do que Caruso estavam certos.

O *batlen* é o judeu do Leste Europeu que tem a profissão mais estranha de todas. É um zombeteiro, um louco, um filósofo, um contador de histórias. Em toda pequena cidade vive pelo menos *um batlen*. Ele diverte os convidados nos casamentos e nos batizados, dorme no templo de oração, fabula histórias, ouve homens em suas contendas e quebra a cabeça com coisas inúteis. Não é levado a sério. Mas é o homem mais sério do mundo. Ele poderia fazer o comércio de canetas-tinteiro e corais tal qual o homem endinheirado que o convida para o casamento para que faça chacota de si mesmo. Mas ele não negocia. Para ele é bem difícil exercer uma profissão, casar, ter filhos e ser um membro respeitado da sociedade. Às vezes, caminha de vila em vila, de cidade em cidade. Não morre de fome, mas está sempre no limite disso. Não morre, mas passa necessidade, quer passar necessidade. Suas histórias, se impressas, causariam, provavelmente, fascinação na Europa. Muitas tratam de temas conhecidos da literatura russa e ídiche. O famoso Sholem Aleichem[9] era um típico *batlen*; porém, mais consciente, mais ambicioso e convicto de sua tarefa cultural.

Os talentos narrativos são, de modo geral, frequentes no Leste. Toda família tem um tio que sabe contar histórias. Em sua maioria, são poetas silenciosos que preparam suas histórias ou, enquanto estão contando, inventam e modificam os enredos.

As noites de inverno são frias e longas, os contadores de histórias, que comumente não têm lenha suficiente para se aquecer, contam histórias com boa vontade em troca de umas xícaras de chá e um pouco de calor do forno. São tratados de forma distinta, melhor do que os zombeteiros profissionais, pois aqueles buscam pelo menos exercer uma profissão prática e são sagazes o bastante para, diante do judeu médio dotado de raciocínio prático, dissimular a bela loucura que os loucos vão amplamente propalando. Estes são revolucionários. Os contadores de histórias, por gosto, estão, no entanto, comprometidos com o mundo burguês e seguem diletantes. O judeu médio aprecia a arte e a filosofia como simples "distração", a menos que sejam de cunho religioso. Entretanto, ele é honesto o bastante para o reconhecer e não tem a pretensão de falar de música e de arte.

O teatro ídiche se tornou, há alguns anos, tão conhecido no Ocidente que seria desnecessário fazer uma apreciação aqui. Está mais para uma instituição do gueto ocidental do que

---

[9] Shalom Rabinovitz (1859-1916), escritor do Leste Europeu, um dos expoentes da literatura ídiche. (N.E.)

do Leste Europeu. O judeu pio não o frequenta, porque acredita que ele viola os princípios religiosos. Os frequentadores do teatro no Leste são judeus esclarecidos que, geralmente, já têm, nos dias de hoje, um sentimento nacional. São europeus, embora estejam longe do típico frequentador do teatro europeu ocidental que "mata o tempo".

***

No Ocidente, o homem do campo judeu do Leste Europeu é um tipo completamente desconhecido. Ele nunca vai para o Ocidente. Está tão enraizado em seu "torrão" quanto o camponês ocidental. Ele próprio é meio camponês. É arrendatário ou moleiro, ou proprietário de taberna no vilarejo. Nunca aprendeu nada. Muitas vezes, mal sabe ler ou escrever. Limita-se a fazer pequenos negócios; contudo, é ainda mais sagaz do que o camponês. É forte e alto, com uma saúde de ferro. Tem coragem física, enfrenta uma boa briga e é intrépido. Muitos tiram partido da sua superioridade em relação aos camponeses, dando origem, na Rússia antiga, a pogroms locais e, na Galícia, a incitações antissemitas. Mas muitos são de uma devoção natural típica dos camponeses e de uma grande honestidade do coração. Muitos possuem o bom senso saudável que se encontra em todos os países, e que se desenvolve onde quer que uma raça sensata se sujeite às leis da natureza.

***

Custa-me falar do proletariado judeu do Leste. Não posso evitar criticar rigorosamente uma grande parte desse proletariado por ser hostil à sua própria classe; se não hostil, pelo menos indiferente. Nenhuma das muitas recriminações injustas e absurdas que se fazem no Ocidente contra os judeus do Leste é tão injusta e tão absurda quanto a recriminação de que são destruidores da ordem; logo, aquilo a que o pequeno burguês chama "bolchevique". O judeu pobre é o indivíduo mais conservador entre todos os pobres do mundo. Ele é praticamente uma garantia para a manutenção da velha ordem social. Os judeus, em sua grande e coesa maioria, são uma classe burguesa com características nacionais, religiosas e raciais próprias. O antissemitismo no Leste (como, aliás, também no Ocidente) é, com frequência, mais revolucionário, e, segundo a expressão conhecida, de fato um "socialismo dos imbecis"[10]; ainda assim, um socialismo. O pobre diabo eslavo, o pequeno camponês, o operário e o artesão vivem na convicção de que o judeu tem dinheiro. Ele tem tão pouco dinheiro quanto seus inimigos antissemitas. Mas leva uma vida burguesa. Passa fome e privações mais regularmente do que o proletário cristão. Pode-se dizer que, em determinadas horas de cada dia, ele não faz suas refeições. Come somente uma vez por semana — à sexta-feira à noite —, como o seu correligionário endinheirado. Ele manda seus filhos à escola, veste-os melhor, pode economizar e possui sempre alguma coisa porque pertence a uma raça antiga: uma joia herdada dos antepassados, camas, móveis. Sempre encontra uma pequena preciosidade em sua casa. É bastante sagaz para não vender nada. Não se embriaga e não tem a melancólica, mas salutar, despreocupação do proletário cristão. Às filhas consegue, quase sempre, dar um pequeno dote; sempre um enxoval. É capaz, inclusive, de sustentar seu genro. Seja ele um artesão ou um pequeno comerciante, um pobre erudito ou um servidor do templo, um mendigo ou um carregador de água — o judeu não *quer* ser proletário, *quer* se diferenciar da população pobre da terra, *desempenhar o papel* de uma pessoa endinheirada. Se for mendigo, preferirá pedir esmola nas casas dos ricos, não na rua. Também mendiga nas ruas, mas logra seu principal provento de uma espécie de clientela regular, da qual se vale com assiduidade. Não pede esmolas nas casas de camponeses ricos, mas, sim, nas de judeus menos abastados. Mantém sempre um orgulho bur-

---

10   Referência à frase atribuída a August Bebel (1840-1913), fundador do Partido Social-Democrata da Alemanha (SPD). (N.E.)

guês. O talento burguês dos judeus no exercício da caridade tem fundamento em seu conservadorismo, impedindo o progresso da revolução de massa proletária. A religião e os costumes proíbem todas as formas de violência, proíbem a agitação, a indignação e, inclusive, a inveja manifesta. O judeu pobre e crente está reconciliado com seu destino como o crente pobre de qualquer religião. Deus faz uns ricos e outros pobres. Ficar revoltado com os ricos seria ficar revoltado com Deus.

Só os trabalhadores judeus são proletários conscientes.

Há, entre eles, um socialismo de diversas nuances. O judeu do Leste Europeu socialista e proletário é, por sua natureza, menos judeu do que seu correligionário burguês ou semiproletário. Menos judeu ainda quando professa o judaísmo nacional e o sionismo. O mais nacionalista dos judeus socialistas é o sionista *poale*, que anseia por uma Palestina socialista, ou pelo menos uma Palestina do operariado. As fronteiras entre os socialistas judeus e comunistas são menos claras, e uma hostilidade no seio do proletariado, como sucede em nosso país, não se cogita. Muitos operários judeus fazem parte dos partidos socialistas e comunistas de seus países e são, portanto, socialistas poloneses, russos e romenos. Para quase todos eles, a questão nacional vem depois da questão social. Os operários de todas as nações pensam dessa forma. "Liberdade nacional" é o conceito de luxo de uma raça que não tem outras preocupações. Se entre todas as nações existe uma que tem direito de reconhecer na "questão nacional" um teor de importância vital, então certamente são os judeus, forçados a se tornar uma "nação" pelo nacionalismo dos outros. Todavia, até os operários *dessa* nação sentem uma maior importância no tratamento do problema social. São mais fortes na sua percepção proletária, mais sinceros e mais sensatos; portanto, "mais radicais", o que no jargão moderno das lideranças partidárias na Europa Ocidental assume, então, um aspecto aviltante. Ledo engano dos antissemitas supor que os judeus são revolucionários radicais. Para os judeus burgueses e semiproletários, um judeu revolucionário é uma abominação.

Encontro-me numa situação muito delicada de ter de chamar as pessoas de proletárias contra a sua vontade. A algumas posso conceder a denominação moderada e absurda inventada na Europa Ocidental de "proletários intelectuais". São os escribas da Torá, os professores judeus, os fabricantes de mantos de oração e de velas de estearina, os açougueiros rituais e os pequenos funcionários do culto. São, digamos, "proletários confessionais". Além disso, há, ainda, uma grande multidão de sofredores, marginalizados, desprezados, que não encontram consolo nem na fé, nem na consciência de classe, nem na convicção revolucionária. Fazem parte desse grupo, por exemplo, os carregadores de água nas pequenas cidades, que de manhã cedo até tarde da noite enchem de água os barris nas casas das pessoas ricas, mediante um mísero salário semanal. São pessoas tocantes e ingênuas, dotadas de uma força física quase não judia. Na mesma classe social, há os embaladores de móveis, os carregadores de malas e muitos outros que vivem dos trabalhos ocasionais, mas do *trabalho*. É uma raça saudável, intrépida e de bom coração. Em parte alguma, a bondade está tão perto da força física; em parte alguma, a indelicadeza está tão longe de uma atividade grosseira como nos trabalhadores ocasionais judeus.

Muitos camponeses eslavos convertidos ao judaísmo vivem de tais trabalhos ocasionais. Essas conversões são relativamente frequentes no Leste, embora o judaísmo oficial resista a isso, e a religião judaica, entre todas as religiões do mundo, seja a única que não quer conversões. Sem dúvida, há muito mais sangue eslavo nos judeus do Leste Europeu do que sangue germânico nos judeus alemães. Desse modo, quando os antissemitas da Europa Ocidental e os judeus alemães nacionalistas pensam que os judeus do Leste Europeu são "mais semitas", sendo portanto "mais perigosos", é um erro semelhante à crença de um banqueiro judeu do Ocidente que se sente "mais ariano" porque na sua família já houve casamentos mistos.

OS GUETOS OCIDENTAIS

Viena

1

Os judeus do Leste Europeu que vão para Viena se estabelecem em Leopoldstadt, o segundo dos vinte distritos vienenses. Lá, estão perto do Prater e da Estação do Norte. No Prater, os vendedores ambulantes podem viver da venda de cartões-postais aos estrangeiros e da compaixão que costuma acompanhar a alegria em toda parte. Todos eles chegaram à Estação do Norte; pelos seus saguões passa ainda o aroma da sua terra natal e é a porta aberta para o caminho de volta.

Leopoldstadt é um gueto voluntário. Muitas pontes o conectam a outros distritos da cidade. Durante o dia passam por essas pontes comerciantes, vendedores ambulantes, corretores da Bolsa de Valores, negociantes; logo, todos os elementos improdutivos do judaísmo oriental imigrado. Nas horas matinais, também passam pelas mesmas pontes os descendentes desses elementos improdutivos, os filhos e filhas dos comerciantes que trabalham nas fábricas, nos escritórios, nos bancos, nas redações de jornais e nas oficinas.

Os filhos e filhas dos judeus do Leste Europeu são produtivos. Seus pais podem pechinchar e vender de porta em porta. Os filhos são os mais talentosos advogados, médicos, bancários, jornalistas e atores.

Leopoldstadt é um distrito pobre. Há casas pequenas onde vivem famílias de seis membros. Há pequenos albergues onde cinquenta, sessenta pessoas passam a noite no chão.

No Prater dormem os sem-teto. Nos arredores das estações ferroviárias vivem os mais pobres de todos os trabalhadores. Os judeus do Leste Europeu não vivem melhor do que os habitantes cristãos dessa parte da cidade.

Eles têm muitos filhos, não estão habituados com a higiene nem com a limpeza, e são odiados.

Ninguém os acolhe. Seus primos e correligionários instalados nas redações dos jornais no primeiro distrito "já" são vienenses, renegam seu parentesco com os judeus do Leste Europeu e não querem ser confundidos com eles. O antissemitismo é um ponto importante no programa dos cristãos sociais e dos alemães nacionalistas. Os sociais-democratas temem a reputação de um "partido judeu". Os nacionalistas judeus são bastante impotentes. Além disso, o partido nacionalista judeu é um partido burguês, mas a grande massa dos judeus do Leste Europeu é constituída de proletários.

Os judeus do Leste Europeu se veem necessitados da assistência das organizações de beneficência burguesas. As pessoas tendem a ter a caridade judaica em alta conta, além do que ela merece. A beneficência judaica é uma instituição tão imperfeita como qualquer outra. A beneficência satisfaz em primeiro lugar os benfeitores. Em um escritório de beneficência judaica, um judeu do Leste Europeu, muitas vezes, não é mais bem tratado do que os cristãos por seus correligionários e inclusive por seus compatriotas. É imensamente difícil ser um judeu do Leste Europeu; não há um destino mais duro do que o de um judeu do Leste Europeu estrangeiro em Viena.

2

Quando ele entra no segundo distrito, rostos familiares o cumprimentam. Cumprimentam-no? Oh, ele apenas os vê. Aqueles que ali chegaram há dez anos não gostam nada dos que chegaram depois. Chegou mais um. Mais um quer ganhar dinheiro. Mais um quer viver.

Pior de tudo: não se pode deixá-lo morrer. Ele não é um estranho. É um judeu e um compatriota.

Alguém o acolherá. Um outro lhe adiantará um pequeno capital ou lhe conseguirá um crédito. Um terceiro lhe cederá ou lhe organizará um "itinerário". O recém-chegado será um vendedor à prestação.

O primeiro caminho, o mais difícil, o leva ao posto policial.

Atrás do balcão está sentado um homem que não pode suportar os judeus em geral, e os judeus do Leste Europeu em particular.

Esse homem exigirá documentos. Documentos inconcebíveis. Nunca se exigem tais documentos dos imigrantes cristãos. Além disso, os documentos cristãos estão em ordem. Todos os cristãos têm nomes europeus compreensíveis. Os judeus têm nomes incompreensíveis e judaicos. Como se não bastasse, têm dois ou três nomes de família associados a um *false* ou a um *recte*. Nunca se sabe como se chamam. Seus pais foram casados só pelo rabino. Esse matrimônio não tem valor legal algum. Se o marido se chamasse Weinstock e a mulher Abramofsky, então os filhos desse casamento chamar-se-iam Weinstock *recte* Abramofsky ou também Abramofsky *false* Weinstock. O filho foi batizado com os prenomes judaicos Leib Nachman. No entanto, como esse nome é difícil e pode ter uma sonoridade dissonante, o filho se chama Leo. Assim, ele se chama Leib Nachman denominado Leo Abramofsky *false* Weinstock.

Tais nomes causam problemas à polícia e ela não gosta de aborrecimentos. E se fossem só os nomes! As datas de nascimento também não estão corretas. Com muita frequência os documentos eram queimados (em pequenos povoados galicianos, lituanos e ucranianos, os arquivos do registro civil sempre foram destruídos por incêndios). Todos os documentos foram perdidos. A nacionalidade não fica esclarecida. Tornou-se ainda mais complicada depois da guerra e do Tratado de Versalhes. Como esse homem atravessou a fronteira? Sem passaporte? Ou com um passaporte falso? Assim, ele não se chama mais como se chama, embora declare tantos nomes, que por si mesmos se revelam falsos, e provavelmente até o sejam, falando em termos objetivos. O homem que aparece nos documentos, no formulário de registro, não é idêntico ao homem que acabou de chegar. O que se pode fazer? Prendê-lo? Então não será preso o verdadeiro. Expulsá-lo? Então será expulso o falso. E se o mandarem de volta para que apresente novos documentos, documentos aceitáveis, com nomes acima de qualquer suspeita, então, em qualquer caso, não só será mandado de volta o verdadeiro, porém, eventualmente far-se-á de um falso um verdadeiro.

Mandam-no de volta uma vez, duas, três vezes. Até o judeu perceber que não lhe resta nada mais a fazer senão dar dados falsos a fim de que pareçam autênticos. Ficar com um nome, que talvez não seja o seu, mas que é, sem sombra de dúvida, um nome fidedigno e legítimo. A polícia deu uma boa ideia ao judeu do Leste Europeu para dissimular suas condições próprias e verdadeiras, mas complicadas, através de outras enganosas, mas consideráveis.

E todos se admiram da capacidade que os judeus têm para dar informações falsas. Ninguém se admira das exigências ingênuas da polícia.

3

Pode-se ser um vendedor ambulante ou um vendedor à prestação.

Um vendedor ambulante carrega em um cesto preso às costas sabonetes, suspensórios, artigos de borracha, botões de calças, lápis. Com essa pequena loja visita diversos cafés e restaurantes; no entanto, é aconselhável se perguntar, primeiro, se é uma boa ideia entrar aqui e acolá.

Para ser razoavelmente bem-sucedido, um vendedor ambulante precisa ter muitos anos de experiência. O mais seguro é ir ao Piowatti, à noite, quando pessoas abastadas comem salsichas *kosher* com rabanete. Já o proprietário, levando em conta a reputação do seu estabelecimento, se vê obrigado a oferecer uma sopa a um pobre vendedor ambulante. O que é, sem sombra de dúvida, um gesto louvável. No tocante aos clientes, quando já saciados, são afeitos à caridade. Em mais ninguém a bondade e a satisfação corporal têm uma relação tão íntima como no comerciante judeu. Depois de comer, e comer bem, ele é capaz de comprar suspensórios, embora ele próprio os tenha à venda em sua loja. Em geral, não compra absolutamente nada e se limita a dar uma esmola.

É melhor não ser o sexto vendedor ambulante a chegar ao Piowati. Com o terceiro, acaba a bondade. Conheci um vendedor ambulante judeu que a cada três horas entrava na mesma salsicharia Piowati. As gerações de comedores se alternam a cada três horas. Se um cliente da geração anterior continuasse em sua cadeira, o vendedor ambulante evitava sua mesa. Por saber exatamente onde termina o coração e começa o aborrecimento.

Em um determinado estágio de embriaguez, os cristãos também são bondosos. Em um domingo pode-se entrar em pequenas tabernas e em cafés dos subúrbios sem receio. O pior que pode acontecer é ele ser ridicularizado ou insultado, mas é assim que se expressa a indulgência. Os mais espirituosos pegarão o cesto, irão escondê-lo e provocarão no vendedor uma crise de desespero. Que não se permita assustar! São pura e simplesmente manifestações do coração de ouro do vienense. Ele acabará vendendo alguns cartões-postais.

Todos os seus rendimentos não garantem sequer a própria alimentação; todavia, o vendedor ambulante saberá como fazer para sustentar a mulher, as filhas e os filhos. Porá seus filhos na escola, se forem talentosos, e Deus quer que o sejam. Um dia, o filho será um advogado famoso, mas o pai que dedicou tantos anos à vida de vendedor ambulante vai querer continuar sendo vendedor ambulante. Às vezes, acontece de os bisnetos do vendedor ambulante se tornarem sociais-cristãos[11] antissemitas. Já aconteceu inúmeras vezes.

4

Qual é a diferença entre um vendedor ambulante e um vendedor à prestação? O primeiro vende à vista; o segundo, à prestação. Aquele precisa fazer um "percurso" curto; este, um longo. Aquele só toma a linha suburbana; este, também os trens de longas distâncias. Aquele jamais será um homem de negócios; este, talvez.

A venda em prestações só é possível em época de moeda estável. A grande inflação pôs fim à subsistência de todos os vendedores à prestação. Eles se tornaram negociantes de moedas estrangeiras.

O negociante de moedas correntes também não tinha vida boa. Se comprasse léus romenos, eles caíam na Bolsa de Valores. Se os vendesse, começavam a subir. Quando o dólar estava em alta em Berlim, o mesmo acontecendo com o marco em Viena, então o negociante de moedas estrangeiras viajava para Berlim para comprar marcos. Regressava a Viena para, com o marco em alta, comprar dólares. Em seguida, viajava para Berlim com os dólares para comprar

---

[11] Roth se refere ao Christlichsoziale Partei Österreichs (1893-1934), partido austríaco conservador, de orientação católica e posições antissemitas. (N.E.)

ainda mais marcos. Mas nenhum trem é tão rápido como a queda do marco. Antes de chegar a Viena, só tinha a metade.

Se realmente quisesse ganhar dinheiro, o negociante de moedas estrangeiras teria de estar em contato telefônico com todas as Bolsas de Valores do mundo; mas, contatava-se apenas com um mercado negro de seu lugar de residência. Tem-se superestimado assustadoramente a nocividade, mas também os conhecimentos do mercado negro. O mercado oficial, branco como a neve, alardeando inocência e protegido pela polícia, era ainda mais negro do que o mercado negro. Este era a concorrência suja de uma instituição suja. Os negociantes de moedas estrangeiras eram os concorrentes admoestados dos bancos bem-conceituados.

Só uma parcela ínfima de negociantes de moedas estrangeiras se tornou rica de fato.

A maioria voltou a ser hoje o que sempre foi: pobres vendedores à prestação.

5

Os clientes desses vendedores são pessoas que não têm dinheiro, mas têm um rendimento. Estudantes, pequenos funcionários públicos, operários. O vendedor procura seus clientes todas as semanas para receber e vender novas mercadorias. Como as necessidades das pessoas medíocres são grandes, elas compram relativamente muito. Como seu rendimento é bem modesto, elas pagam relativamente pouco. O vendedor não sabe do que deve se alegrar, se do aumento das vendas ou se da sua queda. Quanto mais ele vende, mais custa a receber seu dinheiro.

Ele deve aumentar os preços? Nesse caso, os clientes vão ao empório mais próximo, como alguns que existem atualmente em todas as pequenas cidades. Comprar com o vendedor sai mais em conta porque este paga a viagem de trem que, caso contrário, deveriam ser eles a pagar. Graças a ele, o empório vai à casa dos clientes. Ele é mais prático.

Portanto, sua vida é mais difícil. Se quiser economizar a viagem de trem, tem de ir a pé, carregado de malas. Assim, vai devagar. Portanto, não pode dar conta de todos os compromissos. Aos domingos, precisa estar na casa de todos os que lhe devem dinheiro. O pagamento é feito aos sábados; na segunda-feira já não haverá mais. Mas se o vendedor viaja de trem, então paga a passagem em todo caso; pode dar conta também de todos os compromissos, mas com muita frequência o pagamento semanal acabará já no domingo.

São assim os destinos judaicos.

6

O que mais pode ser um judeu do Leste Europeu? Se for operário, nenhuma fábrica o contrata. Há muitos desempregados locais. Ainda que não houvesse, não se aceitam estrangeiros cristãos, quanto menos operários judeus.

Também há artesãos judeus provindos do Leste. Em Leopoldstadt e em Brigittenau vivem muitos alfaiates judeus do Leste Europeu. Os judeus são alfaiates habilidosos. Mas há uma diferença entre ter um local, um "salão de modas" no primeiro distrito, na Herrengasse, ou uma oficina na cozinha de uma casa na Kleine Schiffgasse.

Quem vai à Kleine Schiffgasse? Quem não é obrigado a ir lá prefere passar longe. A Kleine Schiffgasse cheira a cebola e a petróleo, a arenque e a sabão, a água de lavar louça e a resíduos domésticos, a gasolina e a panelas, a mofo e a iguarias. Crianças sujas brincam na Kleine Schiffgasse. Desempoeiram-se tapetes em janelas abertas e arejam-se camas. Penugens flutuam no ar.

Em uma viela dessas mora o pequeno alfaiate judeu. Mas quem dera fosse só a viela! Sua moradia é composta por um quarto e uma cozinha. E, segundo as leis enigmáticas pelas quais Deus governa os judeus, um pobre alfaiate judeu provindo do Leste tem seis ou mais filhos, mas só, raramente, um ajudante. A máquina de costura matraca, o ferro de engomar está em cima da tábua de macarrão e as medidas são tiradas sobre a cama de casal. Quem procura um alfaiate desses?

O alfaiate judeu proveniente do Leste não "suga a medula óssea dos nativos". Não tira cliente algum do alfaiate cristão. Ele sabe cortar, seu trabalho é excelente. Talvez, em vinte anos, venha a ter um verdadeiro salão de modas no primeiro distrito, na Herrengasse. Então, ele o terá merecido com honradez. Tampouco os judeus do Leste Europeu são mágicos. O que alcançam lhes custa esforço, suor e aflição.

7

Se um judeu do Leste Europeu tiver muita sorte e dinheiro, pode, em certas circunstâncias, conseguir uma "concessão" e abrir uma loja. Seus clientes são as pessoas simples e pobres do bairro, como o alfaiate descrito acima. Ele não paga em dinheiro, tem crédito. Esses são os "negócios" dos judeus do Leste Europeu.

Há intelectuais judeus provenientes do Leste. Professores, escrivães etc. Há também os que recebem esmolas. Mendigos envergonhados. Mendigos de rua. Músicos. Vendedores de jornais. Até engraxates.

E os chamados "comerciantes do ar". Comerciantes com "mercadoria do ar". A mercadoria ainda está em algum lugar na Hungria, na estação ferroviária. Mas não na estação húngara. Ela é negociada no cais Franz-Joseph.

Há vigaristas judeus do Leste Europeu. Com certeza: vigaristas! Mas há também vigaristas da Europa Ocidental.

8

As duas grandes ruas de Leopoldstadt são a Taborstraße e a Praterstraße. A Praterstraße é quase senhorial. Ela conduz diretamente à diversão. É povoada por judeus e cristãos. É plana, larga e clara. Tem inúmeros cafés.

Também há muitos cafés na Taborstraße. São cafés judaicos. Seus proprietários são, preponderantemente, judeus; seus clientes, quase na totalidade. Os judeus gostam de ir a cafés para ler jornal, jogar tarô e xadrez e fazer negócios.

Os judeus são bons enxadristas. Têm também parceiros cristãos. Um bom jogador de xadrez cristão não pode ser um antissemita.

Nos cafés judaicos há clientes que nunca se sentam. Constituem, na verdadeira acepção da palavra, a "freguesia de passagem". São frequentadores assíduos que não consomem, não bebem nem comem. Vão ao café dezoito vezes no decorrer da manhã. O negócio o solicita.

Fazem muito barulho. Falam de maneira penetrante, alta e natural. Como todos os visitantes são gente do mundo e de boas maneiras, ninguém se distingui, mesmo sendo distinto.

Em um café judaico genuíno, pode-se pôr a cabeça debaixo do braço. Ninguém vai se importar com isso.

9

A guerra levou muitos refugiados judeus do Leste Europeu a Viena. Enquanto sua terra natal estivesse ocupada, conseguiam "apoios". Não se lhes enviava dinheiro para casa. Nos dias mais frios de inverno, na noite profunda, eles tinham de ficar em filas. Todos: idosos, enfermos, mulheres e crianças.

Eles faziam contrabando. Levavam farinha, carne e ovos da Hungria. Eram encarcerados na prisão na Hungria porque compravam alimento. Eram encarcerados na Áustria porque introduziam gêneros alimentícios não racionados no país. Facilitavam a vida aos vienenses. Eram encarcerados.

Depois da guerra, foram repatriados, em parte à força. Um governador social-democrata mandou desterrá-los. Para os cristãos-sociais, eles são judeus. Para os alemães nacionalistas, semitas. Para os sociais-democratas, elementos improdutivos.

Mas são um proletariado sem trabalho. Um vendedor ambulante é um proletário.

Se ele não trabalha com as mãos, trabalha com os pés. Se não encontra um trabalho melhor, não é sua culpa. Para que servem essas evidências? Quem acredita em evidência?

Berlim

1

Nenhum judeu do Leste Europeu vai voluntariamente a Berlim. Quem, em todo o mundo, vai voluntariamente a Berlim?

Berlim é uma estação de passagem, onde, dadas razões imperiosas, demora-se mais tempo. Berlim não tem um gueto. Tem um bairro judeu. É para lá que vão os emigrantes que querem ir à América passando por Hamburgo e Amsterdã. E muitas vezes ficam lá encalhados. Não têm dinheiro o bastante. Ou seus papéis não estão em ordem.

(Claro: os papéis! A metade da vida de um judeu é consumida com a batalha inútil contra os "papéis".)

Os judeus do Leste Europeu que vão para Berlim têm, geralmente, um visto de trânsito que lhes permite ficar dois ou três dias na Alemanha. Muitos deles, que tinham apenas um visto de trânsito, ficaram dois ou três anos em Berlim.

A maioria dos judeus do Leste Europeu, estabelecidos há muito tempo em Berlim, chegou ainda antes da guerra. Os parentes os seguiram. Refugiados dos territórios ocupados vieram para Berlim. Os judeus que prestaram serviços ao exército de ocupação alemão na Rússia, na Ucrânia, na Polônia e na Lituânia tiveram de regressar à Alemanha com o exército alemão.

Também existem celerados judeus do Leste Europeu em Berlim. Batedores de carteira, golpistas de matrimônio, fraudadores, falsificadores de cédulas bancárias, especuladores da inflação. Quase nenhum assaltante de residências. Nenhum delinquente, nenhum assaltante pronto para matar.

Um judeu do Leste Europeu só se livra da luta pelos papéis e contra os papéis quando ele conduz sua luta contra a sociedade por meios infratores. O celerado judeu do Leste Europeu foi, muitas vezes, celerado em sua terra natal. Chega à Alemanha sem papéis ou com papéis falsos. Não se registra na polícia.

Somente o judeu íntegro do Leste Europeu — ele não é apenas íntegro, é também temeroso — se registra na polícia. Isso é bem mais difícil na Prússia do que na Áustria. A polícia criminal berlinense tem por hábito fazer buscas domiciliares. Ela verifica também os papéis na rua. Durante o período de inflação ocorria frequentemente.

O comércio de roupas velhas não é proibido, mas também não é tolerado. Quem não possuir licença não pode comprar minha calça velha. Tampouco vendê-la.

No entanto, compra-se do mesmo jeito. E também se vende. Posta-se na Jochimsthaler Straße ou na esquina da Joachimsthaler Straße e com a Kurfürstendamm e fica como se não estivesse fazendo absolutamente nada. Ele tem de observar nos transeuntes, primeiro, se têm roupas velhas para vender e, segundo, se precisam de dinheiro.

As roupas compradas são vendidas na manhã seguinte no mercado de roupas usadas.

Também entre os vendedores ambulantes há hierarquias. Há vendedores ambulantes abastados e respeitados, a quem os pequenos olham muito humildemente. Quanto mais abastado é um vendedor ambulante, mais ele ganha. Ele não vai à rua. Não precisa disso. Eu nem sequer sei se posso, de fato, chamá-lo de "vendedor ambulante". Efetivamente, ele tem uma loja de roupas velhas e uma licença de funcionamento. E se não for sua própria a licença de funcionamento, então pertence a um habitante do lugar, a um cidadão berlinense, que não entende nada do comércio de roupas, mas tem participação percentual no negócio.

No mercado de roupas usadas, pela manhã se reúnem os proprietários das lojas e os vendedores ambulantes. Trazem a mercadoria do dia anterior: todos os casacos e roupas velhas. Na primavera, roupas de verão e esportivas estão em voga. No outono, é a vez dos *cutaways*, dos smokings e das calças listradas. Quem usar roupa de verão e de linho no outono não entende nada do negócio.

As roupas que o vendedor ambulante comprou dos transeuntes por um valor ridículo são vendidas ao proprietário da loja com um lucro irrisório. Este manda passar as roupas a ferro, "refrescá-las" e retocá-las. Depois, as pendura diante do letreiro do estabelecimento, deixando-as flutuar ao vento.

Um conhecedor do comércio de roupas velhas poderá em breve vender roupas novas. Abrirá um armazém em vez de uma loja. Será o proprietário de um empório.

Em Berlim, um vendedor ambulante também pode fazer carreira. Ele assimilar-se-á mais rápido do que seus homólogos em Viena. Berlim iguala os que são distintos e elimina as particularidades. Por essa razão não há um grande gueto berlinense.

Existem apenas algumas pequenas ruas de judeus perto da Warschauer *Straße Brücke* e do Scheunenviertel. A rua mais judaica de todas as ruas berlinenses é a triste Hirtenstraße.

2

Nenhuma rua do mundo é tão triste como a Hirtenstraβe! Ela nem sequer tem a alegria desesperada da sujeira vegetativa.

A Hirtenstraβe é uma rua berlinense suavizada pelos habitantes judeus do Leste Europeu, mas não modificada. Nenhum bonde a atravessa. Nenhum ônibus. Raramente um automóvel. Sempre caminhões, charretes, que são precários entre os meios de transporte. Pequenas hospedarias ficam encaixadas nos muros. Alcança-se subindo degraus. Degraus estreitos, sujos e gastos. Assemelham-se ao negativo de saltos gastos. Nas entradas abertas dos edifícios acumula-se lixo. Também lixo selecionado e comprado. Lixo como objeto de comércio. Jornal velho. Meias rasgadas. Solas sem sapatos. Cadarços. Laços de aventais. A Hirtenstraβe é de uma monotonia suburbana. Não tem o caráter de uma rua provinciana. É nova, de má qualidade, já degradada, um lixo. Uma viela de um empório. De um empório barato. Tem algumas vitrines cegas. Bolachas judaicas, biscoitos com semente de papoula, pãezinhos e pão preto ficam expostos nas vitrines. Uma almotolia, papel mata-moscas suado.

Além disso, há escolas judaicas de Talmude e casas de orações. Veem-se letras hebraicas. Parecem estranhas nesses muros. Pelas janelas semicegas se veem lombadas de livros.

Veem-se judeus com o *talit* debaixo do braço. Saem da casa de orações em direção às lojas. Veem-se crianças enfermas, mulheres idosas.

A tentativa de transformar num gueto essa monótona rua berlinense, mantida tão limpa quanto possível, é sempre forte. Berlim é sempre mais forte. Os habitantes travam uma luta em vão. Querem se ajeitar? Berlim os esmaga.

3

Entro em uma das pequenas tabernas. No salão ao fundo estão sentados alguns clientes à espera do almoço. Usam chapéu. A proprietária, de pé, está entre a cozinha e o salão. Atrás do balcão, o marido. Ele tem uma barba de fios rubros. Tem uma feição temerosa.

Como não deveria ser temeroso? A polícia não vai a esse estabelecimento? Já não esteve algumas vezes lá? Em todo caso, o senhorio me estende a mão. E em todo caso, diz: "Oh, é um cliente! Já há algum tempo que o senhor não aparece!". Um cumprimento afável nunca faz mal.

Consome-se a bebida nacional dos judeus: hidromel. É a bebida alcoólica com a qual eles podem se embriagar. Adoram o hidromel pesado e marrom-escuro, que é doce, acre e forte.

4

De vez em quando, chega a Berlim o "Templo de Salomão". Foi um senhor Frohmann, de Drohobycz, quem construiu esse templo com madeira de abeto, papel machê e tintas douradas, respeitando com fidelidade as indicações da Bíblia. De forma alguma com madeira de cedro e ouro verdadeiro, como o grande rei Salomão.

Frohmann afirma que trabalhou na construção da maquete desse templo durante sete anos. Acredito. Reconstruir um templo respeitando rigorosamente as indicações da Bíblia demanda tanto tempo quanto amor.

Distingue-se cada cortina, cada pátio, cada ameia minúscula, cada objeto sagrado. O templo fica sobre uma mesa no salão ao fundo de uma taberna. Cheira a peixe recheado com cebola ao paladar judaico. São raros os visitantes. Os idosos já conhecem o templo e os jovens querem ir à Palestina não para construir templos, mas estradas.

Frohmann viaja de gueto em gueto, de judeu em judeu, e lhes mostra sua obra de arte. Frohmann, o guardião da tradição e da única grande obra arquitetônica que os judeus já criaram e que, por esse motivo, jamais esquecerão. Sou da opinião de que Frohmann é a expressão dessa saudade, da saudade de todo um povo. Vi um velho judeu postado diante do templo. Assemelhava-se aos seus irmãos que choram e oram diante do único muro sagrado que restou do templo destruído em Jerusalém.

5

Encontrei o cabaré ao acaso, enquanto vagava pelas ruas escuras em uma noite clara, olhando pelas vidraças o interior de pequenas casas de oração, que não passavam de simples lojas durante o dia e casas de Deus de manhã e à noite. Estão tão próximos o negócio e o céu para os judeus do Leste Europeu; para seu serviço religioso, eles não precisam mais do que dez adultos, ou seja, partidários acima dos 13 anos de idade, um *chantre* e o conhecimento da situação geográfica, a fim de saber onde se situa o Leste, o *Misrach*, a região da Terra Santa, o Oriente, de onde deve vir a luz.

Naquela região tudo é improvisado: o templo, pela reunião, o comércio, pela estação parada no meio da rua. É ainda a fuga do Egito que persiste há milênios. É preciso estar sempre pronto para partir, ter tudo consigo, o pão e uma cebola em um bolso, no outro, os *tefilin*. Quem sabe se não será preciso partir de novo em jornada já na hora seguinte? Também o teatro nasce de improviso.

A obra que eu vi estava exposta no pátio de uma hospedaria velha e suja. Era um pátio retangular a céu aberto, e acessos e corredores com janelas envidraçadas ao longo de suas paredes revelavam diversas intimidades domésticas: camas, camisas e baldes. Uma tília velha e perdida se erguia no meio do pátio representando a natureza. Através de algumas janelas iluminadas, via-se o interior de uma cozinha ritual da hospedaria. Subia vapor das panelas no fogo, uma mulher obesa brandia uma colher, seus braços gordos seminus. Exatamente em frente às janelas, de maneira a ocultá-las pela metade, havia um pódio, pelo qual se chegava ao vestíbulo do restaurante. Diante do pódio estavam os músicos, uma orquestra composta de seis homens, de quem a tradição dizia que eram irmãos e filhos do grande músico Mendel de Berdyczew, de quem os judeus do Leste Europeu mais velhos ainda podem se lembrar e cuja música de violino era tão esplêndida que não se pode esquecer, nem na Lituânia, nem na Volínia, nem na Galícia.

A trupe teatral, prestes a se apresentar, se autodenominava "Trupe Surokin". Surokin era o nome do diretor, produtor e tesoureiro, um senhor gordo e bem escanhoado, proveniente de Caunas, que já tinha cantado na América como *chantre* e tenor, personagem em sinagogas e óperas, mimado, orgulhoso e soberbo, empresário e camarada de forma equitativa. O público, sentado às pequenas mesas, comia pão e salsicha e bebia cerveja; buscava a própria comida e bebida no restaurante, conversando, gritando, rindo. Era constituído de pequenos comerciantes e suas famílias, não mais ortodoxos, porém "esclarecidos", como os judeus que fazem a barba (mesmo apenas uma vez por semana) e usam roupas europeias são chamados no Leste. Esses judeus seguem os costumes religiosos mais por apreço do que por necessidade religiosa: pensam em Deus só quando precisam Dele e, felizmente, precisam Dele com bastante frequência. Entre eles há cínicos e supersticiosos, mas todos, em certas situações, tornam-se sentimentais e tocados em sua emoção. Nos negócios, são ríspidos uns com os outros e com os desconhecidos; no entanto, basta tocar uma determinada corda oculta para fazer deles pessoas prontas ao sacrifício, bondosas e humanas. Sim, podem até chorar, sobretudo em um teatro ao ar livre, como o era esse.

A trupe teatral era composta de duas mulheres e três homens — e na tentativa de descrever como e o que representaram no pódio, fico bloqueado. O programa inteiro era improvisado. Primeiro entrou um homem pequeno e magro, em cujo rosto o nariz assentava como um elemento estranho e muito surpreso; era um nariz impertinente, insistentemente inquisidor e, todavia, comovente e ridículo, um nariz mais eslavo do que judaico, com asas largas e uma extremidade inopinadamente pontiaguda. O homem com esse nariz desempenhava o papel de *batlen*, um sábio espirituoso e louco, entoava antigas canções e as ridicularizava, acrescentando-lhes variações surpreendentes, cômicas e absurdas. Em seguida, as duas mulheres cantavam uma antiga canção, um ator contava uma história engraçada de Sholem Aleichem e, no final, o diretor Surokin recitava poemas hebraicos e ídiches modernos de autores judeus vivos e mortos recentemente; recitava os versos em hebraico e, logo em seguida, sua tradução, e, por vezes, se punha a cantar em voz baixa duas, três estrofes, como se cantasse para si próprio em seu quarto, sob um silêncio sepulcral, e os pequenos comerciantes arregalavam os olhos, apoiando o queixo no punho e ouvia-se o farfalhar da tília.

Eu não sei se vocês conhecem as melodias judaicas do Leste e quero tentar lhes dar uma ideia do que é essa música. Penso que a terei caracterizado com a máxima precisão se a qualificar como uma mistura da Rússia e de Jerusalém, da canção popular e de salmo. Essa música tem o patético da celebração da liturgia judaica e a ingenuidade do povo. Quando o texto é apenas lido, parece exigir uma música alegre e vibrante, mas se o ouvimos cantado, então é uma canção dolorosa que "sorri em meio às lágrimas". Tendo-a escutado uma vez, a melodia ressoa durante semanas; a contradição era aparente, na realidade esse texto *não pode* ser cantado com qualquer outra melodia. Ele diz o seguinte:

Ynter die griene Beimelach
sizzen die Mojschelach, Schlojmelach,
Eugen wie gliehende Keulalach...[12]
(Olhos como carvão em brasa)

---

12 "Sentados debaixo das arvorezinhas verdes / estão os pequenos Moisés e os pequenos Salomões, / olhos como carvõezinhos em brasa..." (N.T.)

Eles estão sentados! Não se agitam debaixo das árvores verdes. Se fosse o caso, então o ritmo desses versos seria tão vibrante como parece ser à primeira vista. Mas os mocinhos judeus não se agitam.

Ouvi a antiga canção entoada pela cidade de Jerusalém, com tanta nostalgia que sua dor sopra por toda a Europa, bem longe dela em direção ao Leste, atravessando a Espanha, a Alemanha, a França, a Holanda, percorrendo todo o caminho amargo dos judeus. Jerusalém canta:

Kim, Kim, Jisruleki l aheim (nach Hause)
in dein teures Land arain...[13]

Todos os comerciantes entenderam esse canto. As pessoas comuns pararam de beber cerveja e comer salsichas. Assim, eram preparadas para a bela, séria, até difícil e, às vezes, abstrata poesia do grande poeta do hebraico Chaim Nachman Bialik, cujas canções foram traduzidas em quase todas as línguas cultas, e que deve ter contribuído para o renascimento do hebraico escrito como língua viva definitivamente. Esse poeta tem a cólera dos antigos profetas e a voz doce de uma criança transbordando alegria.

Paris

1

Não foi nada fácil para os judeus do Leste Europeu encontrar o caminho para Paris. Era muito mais fácil chegar a Bruxelas e a Amsterdã. O caminho direto do comércio de joias dos judeus leva a Amsterdã. Alguns joalheiros quebrados e outros ficando ricos são obrigados a ficar no território francófono.

---

[13] "Vem, vem, pequeno judeu, para casa, / para tua terra querida..." (N.T.)

O pequeno judeu do Leste Europeu tem um medo desmedido de um idioma totalmente estranho. O alemão é quase sua língua materna. Prefere mil vezes emigrar para a Alemanha do que para a França. O judeu do Leste Europeu aprende com facilidade a entender línguas estrangeiras, mas sua dicção nunca será perfeita. Ele é sempre reconhecido. É seu instinto saudável que o adverte sobre os países românicos.

Mesmo os instintos saudáveis falham. Os judeus do Leste Europeu vivem em Paris quase como Deus na França. Ninguém os impede de abrir negócios e até de fundar guetos. Há alguns bairros judaicos em Paris próximos de Montmartre e da Bastilha. São as zonas urbanas mais antigas de Paris. São as casas parisienses mais antigas, com os aluguéis mais baratos. Os judeus não gostam de gastar dinheiro em conforto "inútil" enquanto não ficarem muito ricos.

Por razões externas não lhes é difícil a vida em Paris. Sua fisionomia não os incrimina. Seu entusiasmo não dá na vista. Seu senso de humor encontra o do espírito francês a meio caminho. Paris é uma verdadeira cidade cosmopolita. Viena já o foi outrora. Berlim ainda o será um dia. A verdadeira cidade cosmopolita é objetiva. Ela tem preconceitos como as outras cidades, mas não tem tempo de pô-los em prática. No Prater, em Viena, praticamente não há manifestações antissemitas, embora nem todos os visitantes sejam amigos dos judeus e embora passem perto deles, e dentre eles os mais orientais dos judeus do Leste Europeu. Por quê? Porque no Prater as pessoas se divertem. Na Taborstraße que conduz ao Prater, o antissemita começa a agir como um antissemita. Na Taborstraße as pessoas já não se distraem.

Em Berlim as pessoas não se distraem. Por outro lado, em Paris reina a alegria. Em Paris, o antissemitismo grosseiro se restringe aos franceses sem alegria. São os monarquistas, o grupo em torno da Action Française. Não me surpreende que eles, na França, sejam inócuos e assim devem continuar. São demasiado pouco franceses. São demasiado patéticos e demasiado pouco irônicos.

Paris é objetiva, embora a objetividade talvez seja uma virtude alemã. Paris é democrática. O alemão é humano. Mas, em Paris, a humanidade prática tem uma tradição grande e forte. É exatamente em Paris que os judeus do Leste Europeu começam a virar europeus ocidentais. Eles se tornam franceses. Tornam-se até patriotas.

2

A amarga luta existencial dos judeus do Leste Europeu contra "os papéis" é atenuada em Paris. A polícia é de uma negligência humana. Ela é mais acessível à individualidade e às condições pessoais. A polícia alemã tem categorias. A polícia parisiense se deixa facilmente persuadir. Em Paris, é possível se registrar sem ser mandado voltar quatro vezes.

Os judeus do Leste Europeu estabelecidos em Paris podem viver à vontade. Podem mandar seus filhos para as escolas estritamente judaicas ou francesas. Os filhos de judeus do Leste Europeu nascidos em Paris podem se tornar cidadãos franceses. A França precisa de gente. Por certo, é exatamente essa sua tarefa: por ser pouco povoada, sempre demandar gente e transformar os estrangeiros em franceses. É a sua força e a sua debilidade.

Sem dúvida, há também antissemitismo francês fora dos círculos monarquistas. Mas não é um antissemitismo cem por cento. Habituados a um antissemitismo muito mais forte, grosseiro e brutal, os judeus do Leste Europeu se contentam com o francês.

Eles podem se contentar. Têm liberdade religiosa, cultural e nacional. Podem falar ídiche tanto e tão alto quanto quiserem. Podem até falar mal o francês, sem dar azo a suspeitas. A consequência dessa convivialidade é que eles aprendem a falar o francês e seus filhos já não falam ídiche. Eles estão entendendo ainda. Eu me entretive, nas ruas do bairro judaico parisiense, ouvindo os pais falar em ídiche e os filhos em francês. Às perguntas formuladas em ídiche seguem respostas em francês. Essas crianças são dotadas. Ainda vão ser alguma coisa na França, se Deus quiser. E, ao que me parece, Deus há de querer.

As tabernas judaicas na Hirtenstraβe, em Berlim, são tristes, frias e silenciosas. Os restaurantes judaicos, em Paris, são alegres, acolhedores e barulhentos. Todos eles fazem bons negócios. Comi algumas vezes no restaurante do senhor Weingrod. Ele serve excelentes assados de ganso. Produz uma aguardente boa e forte. Diverte os clientes. Ele diz à sua mulher: "Dá-me o livro de débito e crédito, *s'il vous plaît*". E a mulher diz: "Vá apanhá-lo lá dentro, *si vous voulez!*". Eles falam em um charabiá hilário.

Perguntei ao senhor Weingrod: "Como é que o senhor veio para Paris?". E ele respondeu: *"Excusez, monsieur, pourquoi* não para Paris? Da Rússia, me expulsam; na Polônia, me põem na prisão, e para a Alemanha não me dão o visto. *Pourquoi* não deveria vir para Paris?".

O senhor Weingrod é um homem corajoso, perdeu uma perna, tem uma prótese e está sempre animado. Na França, apresentou-se como voluntário ao serviço militar. Muitos judeus do Leste Europeu serviram no exército francês como voluntários e por gratidão. Mas Weingrod não perdeu a perna na guerra. Ele regressou são e salvo, com os ossos inteiros. É aqui que se vê como o destino espreita quando quer. Weingrod deixa o estabelecimento e quer atravessar a rua. Nunca, salvo talvez uma vez por semana, passa um veículo nessa viela. Exatamente agora que Weingrod quer atravessar a rua, passa um. E o atropela. Assim ele perdeu a perna.

3

Visitei um teatro ídiche em Paris. Na chapelaria eram guardados carrinhos de bebê. Os guarda-chuvas eram levados para a sala. Na plateia, se encontravam sentadas as mães com os bebês. As fileiras de cadeiras eram móveis, podia-se retirar as cadeiras do lugar. Os espectadores passeavam pelos corredores laterais. Se alguém deixava o lugar, outro o ocupava. Comiam-se laranjas, que espirravam e recendiam. Falava-se alto, cantava-se com os atores que estavam em cena e eram aplaudidos. As jovens judias só falavam francês. Exibiam uma elegância parisiense. Eram encantadoras. Pareciam mulheres de Marselha. Elas têm dotes parisienses. São coquetes e frias. Leves e objetivas. Fiéis como as parisienses. A assimilação de um povo começa sempre pelas mulheres.

Encenou-se uma farsa em três atos. No primeiro, uma família judaica de um pequeno vilarejo russo quer emigrar. No segundo, recebe seus passaportes. No terceiro, a família está na América, ficou rica e frívola, e está a ponto de se esquecer de sua velha terra natal e dos velhos amigos de lá que chegam a caminho da América. Essa peça oferece inúmeras possibilidades para se entoar canções de sucesso americanas e antigas canções russo-ídiches. Quando eram apresentadas as canções e danças russas, os atores e os espectadores choravam. Se apenas os primeiros tivessem chorado, teria sido de mau gosto. Mas quando os últimos começaram a chorar, tornou-se pungente. Os judeus se emocionam com facilidade — eu o sabia. Mas não que a saudade da sua terra natal pudesse emocioná-los.

Era uma relação bem íntima, quase particular, entre o palco e os espectadores. Para esse povo, ser ator é algo admirável. O diretor apareceu em cena e anunciou as próximas alterações do programa. Não através da imprensa, não através dos cartazes. Mas verbalmente. De pessoa para pessoa. Ele disse: "Quarta-feira, vocês verão o senhor X da América". Falava como um líder aos seus seguidores. Falava direto e engraçado. Compreendia-se seu gracejo. Quase se adivinhava. Ele previa o desfecho.

4

Na França, falei com um artista judeu de Radziejów, a antiga povoação na fronteira entre a Áustria e a Rússia. Era um palhaço musical e ganhava muito dinheiro. Palhaço por convicção e não nato. Descendia de uma família de músicos. Seu bisavô, seu avô, seu pai e seus irmãos eram músicos judeus de matrimônio. Ele foi o único que pôde deixar sua terra natal e estudar música no Ocidente. Um judeu endinheirado o amparou. Entrou em uma escola superior de música em Viena. Compunha. Fazia concertos. "Mas", dizia ele, "por que é que um judeu faria música séria para o mundo? Sou e serei sempre um palhaço neste mundo, mesmo que se façam conferências sérias sobre mim, e os senhores dos jornais com seus óculos se sentem nas primeiras filas. Eu deveria tocar Beethoven? Deveria tocar *Kol Nidre*? Uma noite, quando estava no palco, chorei de tanto rir. O que eu estava ensinando ao mundo, eu, um simples músico de Radziejów? Deveria regressar a Radziejów e tocar nos matrimônios judaicos? Lá eu não seria ainda mais ridículo?

Naquela noite, entendi que não me restava outra coisa senão ir para o circo, mas não para ser um cavaleiro ou um equilibrista que dança na corda bamba. Isso não é para os judeus. Eu sou um palhaço. E desde minha primeira apresentação no circo ficou claro para mim que não reneguei a tradição dos meus ancestrais e que sou o que eles deveriam ter sido. Decerto, espantar-se-iam se me vissem. Toco acordeão, gaita e saxofone e alegra-me que as pessoas ignorem que sei tocar Beethoven.

Eu sou um judeu de Radziejów.

Gosto da França. Para todos os artistas, quiçá, o mundo é igual em todos os lugares. Mas não para mim. Em todas as grandes cidades, saio à procura dos judeus de Radziejów. Em todas as grandes cidades, encontro dois ou três. Falamos uns com os outros. Em Paris também vivem alguns. Se não forem de Radziejów, então são de Dubna. E se não forem de Dubna, então são de Kishinev. E em Paris, estão bem. Estão bem. Mas nem todos os judeus podem ficar no circo. Se não estiverem no circo, precisam relacionar-se bem com todas as pessoas, inclusive com as estranhas e indiferentes, e não podem perder a simpatia com ninguém. Só preciso estar inscrito na liga dos artistas. É uma grande vantagem. Em Paris os judeus vivem em liberdade. Sou um patriota, tenho um coração judeu."

5

Todos os anos chegam ao porto de Marselha alguns judeus do Leste Europeu. Querem embarcar num navio. Ou então acabam de desembarcar. Quiseram viajar para um lugar qualquer. O dinheiro acabou. Tiveram de deixar o navio. Arrastam toda a bagagem até a agência de correios, enviam um telegrama e esperam a resposta. Mas telegramas não têm resposta imediata, sobretudo os que pedem dinheiro. Famílias inteiras passam a noite ao relento.

Algumas pessoas dessas famílias ficam em Marselha. Tornam-se intérpretes. Ser intérprete é uma profissão judaica. Não se trata de traduzir do inglês para o francês, do russo para o francês, do alemão para o francês. Trata-se de traduzir o estrangeiro, mesmo que não diga nada. Ele não precisa abrir a boca. Os intérpretes cristãos talvez traduzam. Os judeus adivinham.

Ganham dinheiro. Conduzem os estrangeiros a bons restaurantes, mas também às pequenas povoações. Os intérpretes tomam parte no negócio. Ganham dinheiro. Vão para o porto, embarcam e viajam à América do Sul. É um caminho árduo para os judeus do Leste Europeu irem para os Estados Unidos da América. A cota de imigração está frequentemente e há muito tempo ultrapassada.

6

Alguns estudantes judeus do Leste Europeu foram para a Itália. O governo italiano — que tem muito que ressarcir — concede bolsas de estudo a estudantes judeus.

Depois da dissolução da monarquia, muitos judeus do Leste Europeu partiram para a recém-criada Iugoslávia.

Por princípio, os judeus do Leste Europeu são banidos da Hungria. Nenhum judeu húngaro os aceitará. A maioria dos judeus húngaros — a despeito de Miklós Horthy — é magiar nacionalista. Existem rabinos húngaros nacionalistas.

7

Para onde mais poderiam ir os judeus do Leste Europeu?

Para a Espanha não vão. Com a expulsão dos judeus desse país, os rabis lançaram um anátema sobre a Espanha. Também os não pios, os "esclarecidos", têm a prudência de não ir à Espanha. Só neste ano expira o anátema.

Ouvi alguns estudantes judeus do Leste Europeu falarem de viajar à Espanha. Farão bem em deixar as universidades polonesas, onde reina o *numerus clausus*, a universidade de Viena, onde, além do *numerus clausus*, reina ainda a intolerância, e as universidades alemãs, onde reina a caneca de cerveja.

8

Isso durará ainda alguns anos. Depois, os judeus do Leste Europeu irão à Espanha. Antigas lendas, contadas no Leste, estão associadas à longa presença dos judeus na Espanha. Às vezes, é como se fosse uma saudade calada, uma nostalgia sufocada desse país, que lembra muito vivamente a terra natal primordial, a Palestina.

Sem dúvida não se pode imaginar um contraste mais intenso do que o que existe entre os judeus do Leste Europeu e os sefarditas. Os sefarditas menosprezam os asquenazes em geral, e os judeus do Leste Europeu em particular. Os judeus sefarditas são orgulhosos da sua raça velha e nobre. Os matrimônios mistos entre os sefarditas e os asquenazes são raros, e entre os sefarditas e judeus do Leste Europeu, praticamente inexistentes.

9

Segundo uma antiga lenda, dois judeus do Leste Europeu viajaram, certa vez, por todo o mundo, a fim de arrecadar dinheiro para a construção de uma sinagoga. Atravessaram a Alemanha a pé, alcançaram o Reno, foram à França e visitaram a antiga comunidade judaica local, em Montpellier. De lá, dirigiram-se ao Leste, sem mapa algum, sem conhecer os caminhos e se perderam. Chegaram, numa noite escura, à perigosa Espanha, onde teriam sido mortos se os monges piedosos de um mosteiro espanhol não os tivessem acolhido. Os monges convidaram os judeus exilados para um debate teológico, ficaram embevecidos com sua erudição, os escoltaram de volta com segurança através da fronteira e lhes deram ainda uma pepita de ouro para a construção da sinagoga. Na despedida, os judeus tiveram de jurar que o ouro seria utilizado, de fato, para a construção da sinagoga.

Os judeus juraram. Mas o costume (embora não a lei) os proibia de utilizar o ouro proveniente de um mosteiro, ainda que fosse de um mosteiro amistoso, para construir o santuário. Depois de uma longa reflexão, lhes assomou, por fim, a ideia de, a partir da pepita de ouro, fazer uma esfera e colocá-la sobre o telhado da sinagoga como uma espécie de emblema.

Essa esfera de ouro ainda reluz no telhado da sinagoga. E é a única coisa que ainda une os judeus do Leste Europeu à sua antiga terra natal espanhola.

Essa história me foi contada por um velho judeu. De profissão, era um escriba da Torá, um *Sophar*, um homem pio, sábio e pobre. Um adversário dos sionistas.

Agora, disse ele, extingue-se o *Cherém* (o anátema) contra a Espanha. Não faço objeção a meus netos irem à Espanha. Nem sempre os judeus se saíram mal lá. Havia pessoas fervorosas na Espanha e, onde quer que haja cristãos fervorosos, também podem viver os judeus. Pois o temor de Deus continua sendo mais confiável do que a denominada humanidade moderna.

O velho não sabia que a humanidade já não era moderna. Ele era apenas um pobre escriba da Torá.

UM JUDEU VAI PARA A AMÉRICA

1

Apesar de a cota para os imigrantes do Leste já ter sido ultrapassada algumas vezes, apesar de os consulados americanos exigirem tantos papéis como nenhum outro consulado do mundo, muitos judeus do Leste Europeu ainda emigram para a América.

A América é a distância. A América é sinônimo de liberdade. Na América vive sempre algum parente.

É difícil encontrar uma família judaica no Leste que não tenha algum primo ou tio na América. Alguém emigrou um dia há vinte anos. Fugiu do serviço militar. Ou desertou, depois de ser considerado apto.

Se os judeus do Leste Europeu não tivessem tanto medo, poderiam, com razão, se gabar de ser o povo mais antibelicista do mundo. Durante muito tempo, suas pátrias, a Áustria e a Rússia, não os consideravam dignos de prestar o serviço militar. Só quando a igualdade de direitos cívicos foi outorgada aos judeus é que tiveram de fazer o alistamento. Na verdade, isso era uma igualdade de deveres, não de direitos. Se até a essa altura apenas as autoridades civis tinham chantageado os judeus, agora eles estavam entregues também aos abusos das autoridades militares. Os judeus suportavam os insultos por não precisar prestar serviço militar com imensa alegria. Quando lhes anunciaram a grande honra de poderem lutar, se preparar e morrer no campo de batalha, o que reinou entre eles foi tristeza. Quem se aproximava de seu vigésimo ano de vida e era tão saudável que devia presumir que seria recrutado, fugia para a América. Quem não tinha dinheiro, se automutilava. A automutilação se proliferou entre os judeus do Leste Europeu algumas décadas antes da guerra. Aqueles que se amedrontavam ante a vida de soldado mandavam cortar um dedo, os tendões dos pés e verter veneno nos olhos. Viraram aleijados, cegos, paralíticos e deficientes heroicos, sujeitando-se ao mais prolongado e hediondo dos sofrimentos. Eles não queriam servir. Não queriam ir para a guerra e cair no campo de batalha. Sua razão estava sempre alerta e calculada. Sua razão lúcida constatava que é sempre mais útil viver paralítico do que morrer sadio. Seu fervor firmava a reflexão. Não era apenas estúpido morrer por um imperador, por um czar, era também um pecado viver longe da Torá e contra seus mandamentos. Um pecado comer carne de porco. Levar uma arma no *shabat*. Fazer o treinamento militar. Levantar a mão, ainda mais a espada, contra uma pessoa inocente e estranha. Os judeus do Leste Europeu eram os pacifistas mais heroicos. Sofreram pelo pacifismo. Viraram aleijados voluntariamente. Ainda não surgiu ninguém que tenha escrito uma epopeia a esses judeus.

"A comitiva está chegando!" Era um grito de terror. Tratava-se da comitiva de inspeção médica militar que percorria todas as pequenas cidades para recrutar soldados. Semanas antes começaram os "tormentos". Os judeus jovens se atormentavam para se mostrar debilitados, para demonstrar problemas cardíacos. Não dormiam, fumavam, perambulavam, corriam, tornavam-se licenciosos com fins piedosos.

De qualquer maneira, podia-se subornar ainda os médicos militares. Os intermediários eram funcionários de alto escalão e antigos médicos militares, que, por estarem envolvidos em negócios escusos, tiveram de deixar o serviço. Tropas inteiras de médicos militares enriqueceram, deixaram o exército e abriram um consultório particular, que consistia, em parte, do repasse de subornos.

Quem tinha dinheiro ponderava se não seria melhor tentar sua chance pelo suborno ou pela fuga para a América. Os mais corajosos iam para a América. Nunca mais poderiam regressar. Renunciavam. Renunciavam com o coração pesado à família e com o coração leve à sua pátria.

Eles iam para a América.

2

Hoje, esses são os lendários primos dos judeus do Leste Europeu. Os antigos desertores são, do outro lado do oceano, comerciantes ricos ou pelo menos bem de vida. O velho Deus judeu estava com eles. Ele recompensou seu antibelicismo.

Esse primo na América é a última esperança de todas as famílias judaicas do Leste. Esse primo já há muito tempo não escreve. Sabe-se apenas que ele se casou e teve filhos. Uma fotografia velha e amarelada qualquer está pendurada na parede. Chegou há vinte anos. Com uma cédula de dez dólares. Há muito tempo não se recebe notícia alguma dele! Contudo, a família de Dubna não duvida que o encontrará em Nova Iorque ou em Chicago. Evidentemente, seu nome não será mais tão judaico como ele tinha sido chamado em casa. Ele fala inglês, é cidadão americano, seus ternos são confortáveis, suas calças, folgadas, seus paletós têm ombreiras largas. De qualquer maneira, será reconhecido. Talvez a visita não lhe seja agradável. Ele, decerto, não enxotará seus parentes.

Um certo dia, enquanto se pensa nele, chega o carteiro com uma espessa carta registrada. Ela contém dólares, perguntas, anseios, saudações e promete "em breve uma passagem de navio".

A partir desse instante, "vai-se para a América". As estações mudam, os meses se sucedem, o ano se desenrola, não se tem notícia da passagem de navio, mas "vai-se para a América". A cidade inteira o sabe, assim como os vilarejos próximos e as pequenas cidades vizinhas.

Um estranho chega e pergunta: "O que Jizchok Meier está fazendo?". "Ele vai para a América", respondem os habitantes do lugar; entretanto, Jizchok Meier ainda hoje e amanhã, como ontem e anteontem, continua trabalhando e, ao que tudo indica, nada muda em sua casa.

Na realidade, muita coisa muda. Ele mesmo se adapta às circunstâncias. Prepara-se interiormente para a América. Sabe bem o que levará consigo e o que guardará, o que deixará para trás e o que venderá. Já sabe o que será da quarta parte da casa registrada em seu nome. Uma vez ele herdou a quarta parte de uma casa. As outras três quartas partes eram de três parentes. Que morreram ou emigraram. As três quartas partes pertencem, hoje, a um estranho. Poderia lhe ceder ainda essa última quarta parte. Só que ele dificilmente pagaria bem. Quem compraria a quarta parte de uma casa? Então, se estiver "livre de hipoteca", empenhar-se-á em fazer tantos empréstimos quantos possíveis. Chega-se lá com o correr do tempo. Tem-se dinheiro em espécie ou letras de câmbio, que são tão boas quanto dinheiro em espécie.

O judeu que quer ir para a América resolve não aprender inglês. Ele já sabe como se arranjar em um país estrangeiro. Fala o ídiche, que é a língua mais disseminada em termos geográficos, embora não em termos numéricos. Ele se fará entender. Não precisa do inglês. Os judeus radicados há trinta anos no bairro judaico de Nova Iorque continuam falando o ídiche e já não podem entender os próprios netos.

Assim, ele já fala o idioma do país estrangeiro. É sua língua materna. Também tem dinheiro. Tudo que precisa agora é de coragem.

Ele não tem medo da América, tem medo do oceano. Está habituado a atravessar longas extensões de terra, mas não mar. Certa vez, quando seus ancestrais tiveram de atravessar um mar, ocorreu um milagre e as águas se dividiram. Quando ele se encontra separado de sua terra natal pelo oceano, uma eternidade o separa dela. O judeu do Leste Europeu tem medo de navios. Não confia neles. O judeu do Leste Europeu vive há séculos no interior. Não teme a estepe nem a imensidão da planície. Mas tem medo da desorientação. Está habituado a se voltar três vezes por dia para *Misrach*, o Leste. Isso é mais do que um preceito religioso. É a necessidade profunda de saber onde se encontra. De conhecer sua localização. A partir da segurança da localização geográfica, se vê mais capacitado a encontrar seu caminho e a reconhecer melhor os desígnios de Deus. Sabe-se mais ou menos onde se localiza a Palestina.

Mas no mar, não se sabe onde é a morada divina. Não se identifica a localização do *Misrach*. Não se conhece sua posição em relação ao mundo. Não se é livre. Fica-se na dependência do rumo que o navio tomou. Quem, como um judeu do Leste Europeu, tem no sangue a profunda consciência de que a qualquer momento pode ter de fugir, não se sente livre a bordo de um navio. Aonde ir para se salvar, se algo acontecer? Por milênios ele se salva. Por milênios acontece sempre algo ameaçador. Por milênios ele está fugindo. O que pode acontecer? Quem o sabe? Não é possível irromper um pogrom também a bordo de um navio? Então, para onde fugir?

Se a morte surpreende um passageiro a bordo de um navio, onde se sepulta o finado? O cadáver é atirado à água do mar. Mas a antiga lenda da chegada do Messias descreve com precisão a ressurreição dos mortos. Todos os judeus sepultados em terra estrangeira têm de rolar debaixo da terra até chegar à Palestina. Felizes os que são sepultados já na Palestina. Poupados assim da longa e penosa viagem. Os giros intermináveis de quilômetros. E os mortos atirados à água ressuscitarão também? Existe terra debaixo da água? Que criaturas estranhas vivem lá em baixo? O cadáver de um judeu não pode ser dissecado, o ser humano deve ser devolvido completamente intacto ao pó. Os tubarões não devoram os cadáveres na água?

Além disso, a passagem de navio prometida ainda não chegou. Sem dúvida, ela tem de chegar. Mas só a passagem ainda não basta. É necessária a permissão de entrada no país. Que não se obtém sem os papéis. Onde estão os papéis?

Agora começa a última e a mais espantosa luta contra os papéis e pelos papéis. Se essa luta tiver êxito, então nada mais é necessário. Do outro lado do oceano, na América, cada qual obtém imediatamente um nome novo e um novo documento.

Não é de admirar a falta de respeito dos judeus para com seus nomes. Com uma negligência de efeito surpreendente, trocam seus nomes, os nomes de seus pais, cuja sonoridade para o espírito europeu sempre guarda algum sentimento entranhado.

Portanto, para os judeus, o nome não tem valor algum porque definitivamente não é o seu nome. Os judeus, os judeus do Leste Europeu, não têm nomes. Levam pseudônimos impostos. Seu verdadeiro nome é aquele com o qual são convocados à Torá no *shabat* e nos dias de celebrações: seu prenome judaico e o prenome judaico do pai. Mas os sobrenomes, de Goldenberg a Hescheles, são impostos. Os governos ordenaram aos judeus adotar os nomes. São seus próprios nomes? Se alguém se chama Nachman e muda seu prenome para o europeu Norbert, esse Norbert não é um disfarce, um pseudônimo? Isso é diferente do mimetismo? Terá o camaleão piedade das cores que tem de trocar constantemente? Na América, o judeu escreve Greenboom em vez de Grünbaum. Ele não lamenta a mudança das vogais.

3

Lamentavelmente, ele ainda não se vê em condições de poder se chamar como quer. Ainda está na Polônia, na

Lituânia. Ainda precisa ter "papéis" que comprovem seu nascimento, sua existência, sua identidade.

E começa a percorrer os caminhos que são tão perfeitamente incalculáveis, emaranhados, imprevisíveis e trágicos, ridículos, em escala pequena, como foram outrora, em grande escala, os caminhos de seus ancestrais. Não o remetem de Herodes para Pilatos, remetem-no da antecâmara de Herodes para o portão fechado de Pilatos. De modo geral, as portas oficiais estão todas fechadas. Apenas os secretários das chancelarias podem abri-las. Mas se há de fato alguém que pode se satisfazer enxotando as pessoas, são exatamente os secretários das chancelarias.

Pode-se suborná-los? Como se o suborno fosse coisa fácil! Não se sabe que um suborno promove um extraordinário processo e termina com a prisão? Sabe-se apenas que todos os funcionários são venais. Sim, todas as pessoas são venais. A venalidade é uma virtude da natureza humana. Mas jamais é possível saber quando e se alguém irá admitir sua venalidade. Não se pode saber se o funcionário, que já aceitou dinheiro dez vezes, não apresentará uma denúncia na décima primeira vez, apenas para provar que por dez vezes nada aceitou e, em seguida, poder aceitar ainda mais cem vezes.

Felizmente há, em quase toda parte, indivíduos que conhecem bem a alma do funcionário e que vivem disso. Também esses detentores de conhecimentos são judeus. E por aparecerem de maneira tão rara e isolada em todas as cidades, por terem a predisposição de beber com os funcionários na língua do país, esses judeus já são quase funcionários, e é preciso primeiro ser subornado para, então, poder subornar alguém.

Nem o suborno concluído evita humilhações e caminhos inúteis. Padecem-se humilhações e percorrem-se caminhos inúteis.

Depois se obtém os papéis.

4

Quando tudo corre bem, a América volta a fechar suas fronteiras, declarando que para aquele ano já há judeus do Leste Europeu o bastante e, então, senta-se lá e espera-se o ano seguinte.

Então, por fim, viaja-se de trem de passageiros de quarta classe para Hamburgo durante seis dias. Espera-se mais duas semanas pelo navio. Até que chega a hora de embarcar. Enquanto todos os passageiros acenam com os lenços e seguram as lágrimas, o emigrante judeu está feliz pela primeira vez na vida. Ele tem medo, mas confia em Deus. Viaja para um país que acolhe todos os recém-chegados com uma colossal Estátua da Liberdade. Até certo ponto, a realidade deve corresponder a esse monumento colossal.

Até certo ponto, a realidade corresponde ao símbolo. Não porque lá se leve a liberdade de todos os homens tão a sério; mas porque, do outro lado do oceano, existem judeus ainda mais judeus do que os judeus, ou seja, os negros. Lá, um judeu é, de fato, um judeu. Ele é, antes de mais nada, um branco. Pela primeira vez, sua raça lhe propicia uma vantagem.

O judeu do Leste Europeu viaja na terceira classe, isto é, na entrecoberta do navio. A travessia é melhor do que ele tinha imaginado, mas o desembarque é mais difícil.

Já o exame médico no porto europeu é ruim o suficiente. Agora tem um exame ainda mais rigoroso. E, por alguma alegação, os papéis não estão completamente em ordem.

Na realidade, são papéis genuínos, obtidos com muita dificuldade. Contudo, parece que há algo neles que não está conforme.

É possível também que a bordo do navio algum inseto tenha entrado na camisa do judeu.

Tudo é possível.

E o judeu vai para uma espécie de cativeiro, a que se chama quarentena ou algo semelhante.

Uma cerca alta protege a América do judeu.

Através das grades da sua cela, vê a Estátua da Liberdade e não sabe se é ele ou a Liberdade quem está encarcerado.

Ele pode pensar livremente sobre como será viver em Nova Iorque. Mal pode imaginá-lo.

Mas será assim: viverá entre edifícios de doze andares, em meio a chineses, húngaros e outros judeus; será outra vez vendedor ambulante, temerá outra vez a polícia e será outra vez chantageado.

Seus filhos serão talvez cidadãos americanos. Talvez americanos famosos, americanos abastados. Reis de um material qualquer.

É com isso que sonha o judeu atrás das grades da sua quarentena.

Viena, bairro de Leopoldstadt, 1915 (in Das k.u.k. Photoalbum, *por Franz Hubmann, domínio público).*

A SITUAÇÃO DOS JUDEUS NA RÚSSIA SOVIÉTICA

Também na Rússia antiga os judeus eram uma "minoria nacional", mas uma minoria maltratada. Os judeus eram distinguidos como uma nação particular por meio do menosprezo, da opressão e do pogrom. Não que houvesse esforços para os assimilarem através da violação. O esforço era para delimitá-los. Os meios empregados contra eles pareciam uma vontade de exterminá-los.

Nos países ocidentais, o antissemitismo talvez fosse um instinto de defesa primitivo. Na Idade Média cristã, um fanatismo religioso. Na Rússia, o antissemitismo era um meio para governar. O homem simples do campo, o mujique, não era um antissemita. O judeu não era um amigo para ele, mas, sim, um estranho. A Rússia, que tinha espaço para tantos estrangeiros, também estava livre para este. O pseudointelectual e o burguês eram antissemitas porque a nobreza o era. A nobreza era antissemita porque a corte o era. A corte era antissemita porque o *czar*, para quem não convinha temer seus próprios "filhos da terra" ortodoxos, dizia só temer os judeus. Portanto, eram-lhes atribuídas certas características, fazendo-os parecer perigosos perante todas as classes: para o simples "homem do povo" eles eram assassinos rituais; para o pequeno proprietário, destruidores de patrimônio; para o funcionário de alto escalão, trapaceiros plebeus; para a nobreza, escravos inteligentes e, portanto, perigosos; por fim, para o pequeno funcionário, o burocrata de todas as classes sociais, os judeus eram tudo ao mesmo tempo: assassinos rituais, negociantes, revolucionários e plebe.

Nos países ocidentais, o século XVIII trouxe a emancipação dos judeus. Na Rússia, o antissemitismo oficial e lícito começou na década de 1880 do século XIX. Nos anos 1881-82, Vyacheslav Plehve, o futuro ministro, organizou os primeiros pogroms no sul da Rússia. Eles pretendiam intimidar os jovens judeus revolucionários. Mas a plebe contratada, menos interessada em vingar os atentados, querendo apenas saquear, atacou as casas dos judeus conservadores endinheirados, que nem eram os alvos visados. Passou-se, então, para os chamados "pogroms silenciosos", criaram-se as conhecidas "zonas de assentamentos", os artesãos judeus foram expulsos das grandes cidades, foi determinado um *numerus clausus* para as escolas judaicas (3/100) e reprimiu-se a *intelligentsia* judaica nas universidades. Mas como, concomitantemente, Poljakov, o milionário judeu e empresário da estrada de ferro era amigo íntimo da corte czarista, e como era preciso autorizar a estada de seus funcionários nas grandes cidades, milhares de judeus russos se tornaram "funcionários" de Poljakov. Saídas desse gênero eram numerosas. À astúcia dos judeus correspondia a venalidade dos funcionários. Por isso, nos primeiros anos do século XX houve um retorno aos pogroms abertos e aos pequenos e grandes processos de assassinatos rituais...

Hoje a Rússia soviética é o único país da Europa onde o antissemitismo é malvisto, ainda que não tenha deixado de existir. Os judeus são cidadãos totalmente livres — embora sua liberdade possa ainda não significar a solução da questão judaica. Como indivíduos, estão livres do ódio e da perseguição. Como povo, gozam de *todos* os direitos de uma "minoria nacional". A história dos judeus não conhece exemplo de uma libertação assim tão súbita e completa.

Dos 2,75 milhões de judeus na Rússia, 300 mil são operários e empregados organizados; 130 mil, camponeses; 700 mil, artesãos e profissionais liberais. O restante compõe-se de: a) capitalistas e indivíduos "rebaixados", considerados "elementos improdutivos"; b) pequenos comerciantes, intermediários, agentes, vendedores ambulantes, que são vistos como elementos não produtivos, mas proletários. A *colonização* dos judeus é praticada com firmeza, em parte com fundos americanos que, antes da revolução, favoreciam exclusivamente a colonização da Palestina. Existem colônias judaicas na Ucrânia, perto de Odessa, e na Crimeia, perto de Quérson. Desde a revolução, 6 mil famílias judaicas foram encorajadas a cultivar a terra. No total, 102 mil *dessiatinas* de terra foram atribuídas aos camponeses judeus. Ao mesmo tempo, os judeus "se industrializavam", ou seja, buscava-se alocar os "elementos improdutivos" como operários nas fábricas e formar jovens para trabalhos especializados nas (cerca de trinta) escolas "técnico-profissionalizantes" judaicas.

Em todos os lugares com uma população majoritariamente judaica há escolas com aulas ministradas em língua judaica; só na Ucrânia, 350 mil alunos frequentam as escolas judaicas; na Bielorrússia, cerca de 90 mil. Na Ucrânia há 33 tribunais com a língua judaica como idioma do julgamento, presidentes judeus em tribunais de instância e unidades de milícia (polícia). São publicados três grandes jornais na língua judaica, três semanários, cinco revistas mensais; há alguns teatros nacionais judaicos; nas universidades, os judeus nacionais representam um percentual elevado, assim como no Partido Comunista. Há 600 mil comunistas judeus jovens.

Essas cifras e fatos deixam vislumbrar como se aborda a solução da questão judaica na Rússia Soviética: com fé inabalável na infalibilidade da teoria, com um idealismo um pouco despreocupado e indiferenciado, mas nobre e puro. O que preconiza a teoria? — Autonomia nacional! — Mas, para se poder aplicar inteiramente essa receita, em primeiro lugar é preciso fazer dos judeus uma "genuína" minoria nacional, como o são, por exemplo, os gruzínios, os alemães e os bielorrussos. É necessário modificar a estrutura social antinatural da massa judaica, de um povo que, dentre todos os povos do mundo, conta com o maior número de mendigos, "beneficiários de pensões" americanos, oportunistas e desclassificados, fazer dele um povo com uma fisionomia nacional. E porque esse povo deverá viver em um Estado socialista, se faz necessário transformar seus elementos pequeno-burgueses e "improdutivos" em camponeses e proletários. Finalmente, se faz necessário lhes atribuir um território definido.

É evidente que um empreendimento tão arrojado não pode ter sucesso em poucos anos. A miséria dos judeus pobres só é atenuada, provisoriamente, pela livre circulação. No entanto, são também tantos a emigrarem para os territórios novos — os guetos antigos ainda estão abarrotados. Penso que o proletário judeu vive pior do que qualquer outro indivíduo. Minhas experiências mais tristes eu as devo às minhas caminhadas pelo *Moldavanka*, o bairro judaico de Odessa. Paira lá uma neblina pesada como um destino; a noite é um flagelo; a lua crescente, um escárnio. Aqui, os mendigos não são só a fachada habitual da rua, aqui eles são triplamente mendigos, pois estão em casa. Cada casa tem cinco, seis, sete lojas minúsculas. Cada loja é uma habitação. Diante de cada janela, que ao mesmo tempo é a porta, está a oficina; atrás desta, a cama; por cima da cama, estão as crianças suspensas nos cestos — e o infortúnio as embala para lá e para cá. Homens grandes e corpulentos voltam para casa: são os estivadores judeus do porto. No meio dos seus conterrâneos pequenos, fracos, histéricos e pálidos, eles parecem estrangeiros, uma raça selvagem e bárbara, perdida entre os velhos semitas. Todos os artesãos trabalham até altas horas da noite. Uma luz baça e amarela chora de todas as janelas. São luzes estranhas que não propagam claridade, mas uma espécie de escuridão com um núcleo luminoso. Não estão relacionadas com o fogo benfazejo. São apenas almas das trevas...

* * *

A revolução não coloca a velha e a mais crucial questão de saber se os judeus são uma nação como qualquer outra; se são menos ou mais; se são uma comunidade religiosa, uma comunidade tribal ou simplesmente uma unidade espiritual; se é possível considerar um povo que se manteve ao longo dos milênios apenas com sua religião e sua posição de exceção na Europa como "povo", a despeito da sua religião; se nesse caso particular é possível separar a igreja da nacionalidade; se é possível transformar uma gente com interesses espirituais herdados em camponeses; individualidades com um caráter fortemente marcante em indivíduos com a psicologia das massas.

Vi camponeses judeus: é claro que já não têm o aspecto dos judeus do gueto, são homens do campo, mas se distinguem com facilidade dos outros camponeses. O camponês russo é, primeiro, um camponês e depois russo; o camponês judeu, primeiramente um judeu e depois um camponês. Sei que essa formulação incita todo homem dotado de "ideias concretas" à seguinte questão sarcástica: Como sabe disso? — Eu o vejo. Vejo que não foi em vão que se foi judeu durante quatro mil anos, nada além de um judeu. Tem-se um velho destino, um sangue velho e experimentado, por assim dizer. É-se uma pessoa de espírito. Pertence-se a um povo que, no decurso dos dois mil anos, não teve um único iletrado; a um povo que tem mais revistas do que jornais; a um povo, provavelmente o único no mundo, que tem revistas com tiragens muito superiores às dos seus jornais. Enquanto à sua volta os outros camponeses começam, ainda com muita dificuldade, a ler e escrever, o judeu, atrás da charrua, revolve os problemas da teoria da relatividade na sua mente. Ainda não foram inventados instrumentos agrícolas para camponeses com cérebros tão complexos. Um instrumento primitivo demanda uma mente primitiva. Até mesmo um trator, comparado ao entendimento dialético do judeu, é um instrumento simples. É factível que as colônias de judeus estejam bem conservadas, limpas e rentáveis (até o presente são pouco numerosas). Mas são mesmo "colônias". Não se transformam em vilas.

Conheço a mais óbvia de todas as objeções: que a sovela, a plaina e o martelo dos artesãos judeus não são decerto mais sofisticados do que a charrua. Em contrapartida, o trabalho é puramente criativo. É a natureza que se encarrega do processo criativo associado à elaboração do pão. Mas é tão somente o homem que se encarrega da criação de uma bota.

Conheço também a outra objeção: existem muitos judeus que são operários nas fábricas. Primeiramente, a maioria é de operários especializados; além disso, eles mantêm seu cérebro sequioso ileso para o trabalho manual mecânico através da atividade complementar intelectual, do diletantismo artístico, de uma atividade política acirrada, da leitura ávida, da colaboração nos jornais; por fim, pode-se observar exatamente na Rússia uma fuga constante das fábricas pelos operários judeus, embora não muito expressiva em termos numéricos. Tornam-se artesãos, portanto independentes — se não também empresários.

Pode um pequeno "promotor de casamentos" judeu se tornar um camponês? Sua ocupação não é só improdutiva, como também, em certo sentido, imoral. Ele não viveu bem, ganhou pouco, "pediu" mais do que trabalhou. Mas que trabalho complicado, difícil, se bem que reprovável, realizou seu cérebro para combinar um "casamento" e induzir um compatriota rico e avaro a lhe dar uma esmola considerável? O que poderá fazer esse cérebro no repouso mortal?

Jamais a "produtividade" dos judeus é visível e grosseira. Se vinte gerações de pensadores improdutivos viveram apenas para produzir um único Spinoza; se são necessárias dez gerações de rabinos e comerciantes para engendrar *um* Mendelssohn; se trinta gerações de músicos mendicantes tocam violino em casamentos com a única finalidade de fazer surgir *um* virtuoso famoso, então aceito essa "improdutividade". Talvez também Marx e Lassalle não teriam existido se seus ancestrais tivessem sido transformados em camponeses.

* * *

Portanto, se na Rússia soviética se transformam as sinagogas em clubes de operários e se proíbem as escolas de Talmude por serem supostamente religiosas, então, primeiro, seria necessário compreender com absoluta clareza o que é ciência, o que é religião e o que é nacionalidade para os judeus do Leste Europeu. Para eles, ciência é religião, e religião, nacionalidade. Seu clero é constituído por eruditos, sua oração é uma expressão nacional. Mas o que agora na Rússia, como "minoria nacional", desfrutará de direitos e da liberdade, recebe terra e trabalho é uma nação judaica inteiramente diferenciada. É um povo com mentalidades velhas e mãos novas; com sangue velho e língua escrita relativamente nova; com bens velhos e forma de vida nova; com talentos velhos e cultura nacional nova. O sionismo queria tradição *e* compromisso moderno. Os judeus nacionais da Rússia não olham para trás, não querem ser os *herdeiros* dos antigos hebreus, mas tão somente seus descendentes.

É evidente que sua súbita liberdade desperta aqui e ali um antissemitismo violento, ainda que sutil. Quando um russo desempregado vê que um judeu é admitido em uma fábrica para ser "industrializado", quando um camponês que foi expropriado de sua terra ouve falar da colonização judaica, então, por certo, se agita em ambos o instinto velho, torpe e nutrido artificialmente. Mas, enquanto no Ocidente o antissemitismo se tornou uma "ciência" e em nosso país a sede de sangue é uma "atitude" política, na nova Rússia ele continua a ser uma infâmia. A vergonha pública aniquilá-lo-á.

Se a questão judaica for resolvida na Rússia, então metade dela estará resolvida em todos os países (quase não há mais emigrantes judeus da Rússia; antes, há imigrantes judeus). A crença das massas está diminuindo a um ritmo acelerado, as barreiras mais fortes da religião estão caindo, as barreiras nacionais, mais fracas, as substituem mal. Se esse processo perdurar, o tempo do sionismo terá passado, como o tempo do antissemitismo — e talvez também o do judaísmo. Alguns felicitá-lo-ão, outros lamentá-lo-ão. Mas toda a gente deve olhar com respeito como um povo será liberto do opróbrio de sofrer e um outro do opróbrio de maltratar; como a vítima é resgatada do tormento e o algoz da maldição, que é pior do que um tormento. Isso é uma grande obra da Revolução Russa.

POSFÁCIO

Por fim, é meu dever e desejo profundo advertir o prezado leitor de que provavelmente a situação dos judeus na Rússia Soviética, comparada àquela que tentei descrever na última seção deste livro, tenha se modificado. Não disponho de números e estatísticas. Os dados apresentados nesta edição eu os trouxera de uma viagem de estudo à Rússia. Para dar meu testemunho com consciência e imparcialidade, não devo usar dados certamente pouco fiáveis, por serem tendenciosos, que eu talvez obtivesse de Moscou. Mas estou certo de que nada mudou na posição de *princípio* da Rússia Soviética em relação aos judeus. É esse princípio que importa, não os números.

Quem sabe possa, neste ponto, me referir ao mais hediondo acontecimento do último ano, e reiterar minhas informações sobre o anátema judaico lançado pelos rabinos sobre a Espanha quando da expulsão dos judeus: a Guerra Civil Espanhola. É provável que poucos serão os leitores que conheçam a versão segundo a qual o *Cherem*, o grande anátema, deveria se extinguir nestes anos. Não posso, evidentemente, arrogar a mim o direito de estabelecer uma relação clara entre a metafísica e a tão pavorosa realidade; todavia, posso assumir a responsabilidade por chamar a atenção para esses fatos, ao final das contas, espantosos.

Não quero deixar valer a seguinte formulação: no momento em que o anátema se extingue, começa a grande catástrofe que a Espanha jamais conheceu. Quero simplesmente registrar essa simultaneidade que, por certo, é mais do que mera curiosidade, e lembrar o preceito ancestral que reza: "O tribunal do Senhor delibera a toda hora, aqui embaixo e lá em cima".

Às vezes, passam-se séculos — mas o veredito é inexorável.

Junho de 1937

Joseph Roth

O carvalho de Goethe em Buchenwald

Paris, fábrica de pão ázimo no Marais, anos 30 do século XX (Bildarchive Pisarek, @AKG-Images/Latinstock).

Em honra à verdade! Difundem-se falsas notícias sobre o campo de concentração de Buchenwald, poder-se-ia dizer: histórias de terror. A meu ver, chegou a hora de reduzi-las a sua correta dimensão...

Primeiro, Buchenwald nem sempre se chamou assim, senão: *Ettersburg*. Com este nome, o povoado de Buchenwald fora, outrora, famoso entre os conhecedores da história da literatura: Goethe costumava se encontrar lá com a senhora Von Stein, à sombra de um velho e formoso carvalho. Este está sob a salvaguarda da denominada "lei de proteção da natureza". Quando em Buchenwald, quer dizer, em Ettersburg, começaram a derrubar a floresta para instalar uma cozinha ao sul e uma lavanderia ao norte, destinadas aos internos do campo de concentração, deixaram apenas o carvalho, o carvalho de Goethe, o carvalho da senhora Von Stein.

O simbolismo nunca foi tão conspurcado como hoje. É quase uma brincadeira de crianças, hoje em dia, redigir as denominadas "glosas". Estas são enviadas às pessoas pela História Universal, grátis e franco, a suas casas, a suas canetas, a suas máquinas de escrever. Especificamente para um escritor, redigir uma glosa que se refere ao Terceiro Reich é uma questão de vergonha. Os carvalhos germânicos, à sombra dos quais se sentaram Goethe e a senhora Von Stein, perduram incólumes entre a cozinha do campo de concentração e a sua lavanderia, graças, unicamente, a uma lei de proteção da natureza. Entre a "lei de proteção da natureza", que surgira havia anos, e a lei antinatural, que surgiu recentemente, ou seja, para falar em neoalemão, entre a lavanderia e a cozinha encontra-se o carvalho protegido da senhora Von Stein e de Goethe.

Todos os dias, os detentos do campo de concentração passam ao lado desse carvalho, ou melhor, são levados a passar por ali. Deveras! Difundem-se falsas notícias sobre o campo de concentração de Buchenwald, poder-se-ia dizer: histórias de terror. A meu ver, chegou a hora de reduzi-las à sua correta dimensão: até hoje, pelo que sei, nenhum dos detentos do campo de concentração foi "amarrado" ao carvalho, à sombra do qual se sentaram Goethe e a senhora Von Stein e que, graças à lei de proteção da natureza, ainda cresce; antes, foram-no a outros carvalhos que não faltam nessa floresta.

Manuscrito — com um acréscimo de punho anônimo:
"Último artigo antes de sua morte, de 22.5.1939"
no Instituto Leo Baeck, Nova Iorque.

tipologia Abril
papel Polén Natural 70 g/m²
impressão por Leograf para Mundaréu
São Paulo, abril de 2023